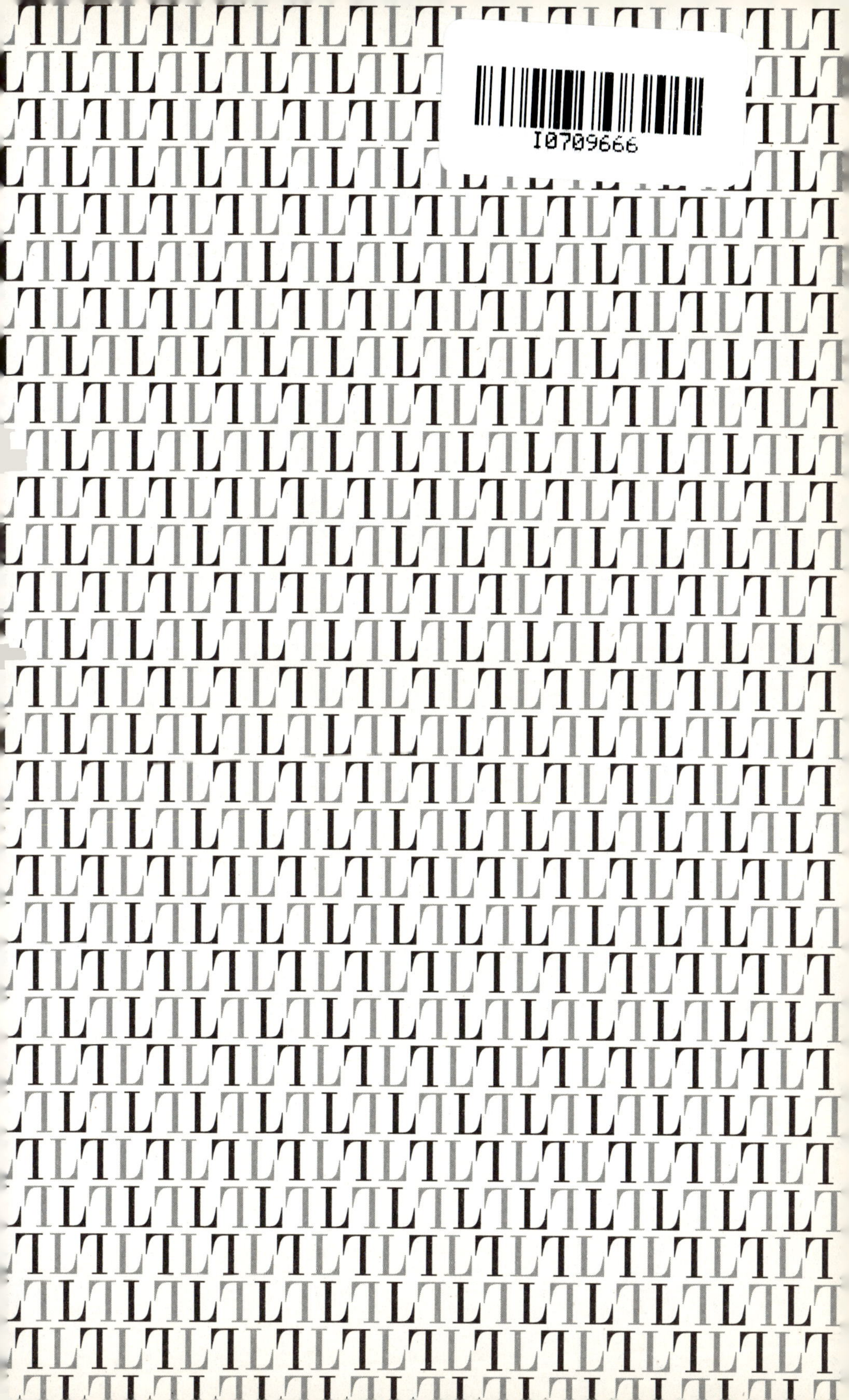
I0709666

El listón y la bomba. El arte de Frida Kahlo

El listón y la bomba.
El arte de Frida Kahlo

Helena Chávez Mac Gregor

Lumen

ensayo

El papel utilizado para la impresión de este libro ha sido fabricado a partir de madera
procedente de bosques y plantaciones gestionadas con los más altos estándares ambientales,
garantizando una explotación de los recursos sostenible con el medio ambiente y beneficiosa para las personas.

La presente publicación fue sometida al sistema de dictaminación doble ciego avalado por el Comité Editorial
del Instituto de Investigaciones Estéticas (IIE) de la UNAM, que ratifica su calidad y pertinencia académica
científica. Se agradece el apoyo del IIE y de las personas dictaminadoras participantes.

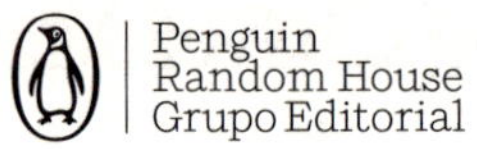

El listón y la bomba
El arte de Frida Kahlo

Primera edición: septiembre, 2025

D. R. © 2025, Helena Chávez Mac Gregor

D. R. © 2025, derechos de edición mundiales en lengua castellana:
Penguin Random House Grupo Editorial, S. A. de C. V.
Blvd. Miguel de Cervantes Saavedra núm. 301, 1er piso,
colonia Granada, alcaldía Miguel Hidalgo, C. P. 11520,
Ciudad de México

penguinlibros.com

ISBN: 978-607-386-386-5

Impreso en México – *Printed in Mexico*

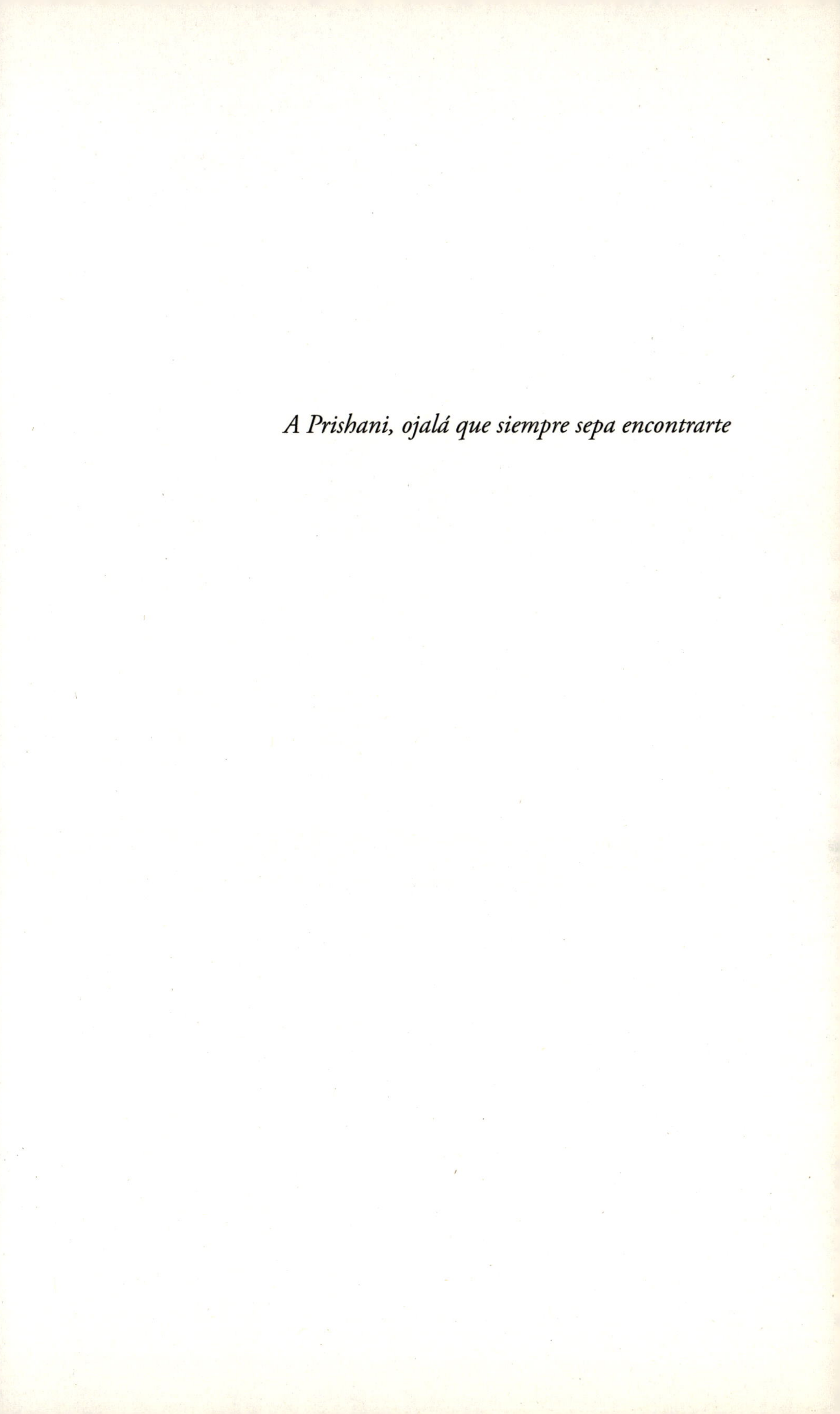
A Prishani, ojalá que siempre sepa encontrarte

I

La construcción del legado de Frida Kahlo

Pensar a Frida Kahlo de nuevo es difícil. Se ha dicho tanto. Se ha examinado su obra a la luz de tantos elementos: sus cartas, sus casas, sus vestidos, sus objetos personales, sus relaciones, sus enfermedades, su sufrimiento. Se ha escrito más sobre ella que sobre cualquier otro artista, hombre o mujer, latinoamericano. Al grado de que seguramente es la artista mujer, de todos los tiempos, que más ha circulado, y cuya imagen (de ella y no necesariamente de su obra) más se reproduce en el mundo. Su pintura, a la fecha, es la segunda más cara jamás vendida por una mujer, superada solo por Georgia O'Keeffe. Se han hecho películas, independientes y comerciales sobre ella; exposiciones chicas, medianas, inmensas, de sus obras. Se han publicado sus diarios, sus correspondencias, sus fotografías, las que ella tomó y para las que posó.

A cincuenta años de su muerte, en 2004, se abrió el baño del Museo Frida Kahlo, que había sido clausurado a petición de Diego Rivera. El plazo de la solicitud era de quince años, pero el baño se mantuvo cerrado hasta la muerte de Dolores Olmedo, que fue directora del museo. Ahí se encontraron documentos, fotografías, objetos y correspondencias. El archivo se catalogó y luego se volvió a cerrar al público. De él se han hecho fotografías y se han escrito múltiples especulaciones ¿Qué más se puede decir hoy?

Mi madre vive en la misma calle donde está ese museo, mejor conocido como la Casa Azul. Diariamente ve a cientos de personas haciendo filas para entrar. Muchas, en realidad, se conforman con tomarse fotos en la puerta. Mi hija, que ahora tiene ocho años y que ha crecido entre exposiciones, museos y galerías, a la única artista que reconoce es a «Frida». La distingue en playeras, muñecas, comerciales. Identifica al personaje, la obra se le escapa. No sabe si le gusta o no.

Hasta hace poco yo tampoco sabía si me gustaba. Aunque había visto algo de su obra, en realidad, mucho no podía ver. Soy parte de la generación nacida al final de los años setenta del siglo xx que la vio convertirse en celebridad en los noventa tardíos y a inicios del siglo xxi, proceso en el que dejó de ser Frida Kahlo y se volvió simplemente Frida.

¿Es realmente Frida Kahlo una artista sobresaliente? ¿Qué hace importante su obra? ¿Por qué es una de las artistas más referidas de nuestro tiempo? Estas preguntas me acompañaron a lo largo de este libro, tienen diferentes capas y sus respuestas son parte de un engranaje que atraviesa la obra, pero también su recepción, sus interpretaciones, el mercado, las instituciones museísticas y toda una industria cultural que produce una amalgama en la que veces se confunden la obra y el arte con los dispositivos culturales.

El caso de Kahlo es particular. Quizá eso se debe a ser una artista mujer, y por ser una artista mujer que produjo su obra en Latinoamérica, en específico en México. Un lugar con un legado cultural importante desde tiempos prehispánicos, pero que entra en el circuito de la historia del arte occidental hasta la colonia, y, de manera notoria, hasta después de que se asimila al proyecto moderno tras la Revolución Mexicana.

Como pintora Kahlo tuvo una carrera con cierta importancia local e internacional mientras estuvo viva. De manera local fue un personaje fundamental en la época, tuvo complejas relaciones y diálogos con grandes agentes de su tiempo (Tina Modotti, Aurora Reyes, Carlos Chávez, Juan O'Gorman, Carlos Pellicer, León Trotsky, Lázaro Cárdenas, Dolores del Río, María Félix). Además acumuló cierto reconocimiento e influencia, que la llevaron a dar clases en la Esmeralda, gracias a la invitación de Antonio Ruiz «El Corcito», y a tener un grupo de alumnos, «Los Fridos», que llegarían a desarrollar largas e importantes carreras artísticas, como la de Fanny Rabel.

Tuvo también una exposición pública de su obra que le permitió una cierta independencia económica, de manera más contundente a partir de los años cuarenta. Trabajó con un par de mecenas, como Eduardo Morillo Safa, y vendió obra a museos internacionales, como *El marco* (1938) al Louvre —dicha pintura fue la primera obra de un artista mexicano del siglo xx comprado por la institución y es ahora parte de la colección del Centro Pompidou en París—. El Museo de Arte Moderno de Nueva York expuso y adquirió en 1942 *Autorretrato con el pelo cortado* (1940), y en 1947 se vendió al Museo de Arte Moderno en México *Las dos Fridas* (1939). Muchos de sus amigos y conocidos también adquirieron obras suyas.

En relación con su participación en exhibiciones colectivas colaboró en varios proyectos en Estados Unidos, como *Veinte siglos de arte mexicano* en 1940 en el MoMA, *Pintores del México moderno* en 1942 en el Instituto para las Artes Contemporáneas de Boston, y la exposición *El arte mexicano de hoy* de 1943 en Filadelfia. Además, mostró parte de su obra de manera individual en la exposición en la galería de Julian Levy en Nueva York y, de forma colectiva, aunque su obra fuera el centro gravitacional, en la exposición *Mexique* organizada por André Breton en París en 1939.

En México participó en exhibiciones como la *Exposición internacional del surrealismo*, que se presentó en la galería de Arte Mexicano en 1940, y su única exposición individual en el país fue la organizada por Lola Álvarez Bravo en 1953, un año antes de la muerte de la artista, en la que se mostraron más de cien obras y a la que llegó la propia Frida en camilla. Se cuenta que este fue uno de los sucesos culturales más importantes de la época: asistieron figuras de la talla de Dr. Atl, y la gente se abarrotó en la calle para poder entrar.

Su influencia en el extranjero también fue sobresaliente en relación con los diálogos y amistades entabladas con algunos de los artistas más importantes del siglo xx, como Marcel Duchamp, Mary Reynolds, Jacqueline Lamba, Dora Maar, Pablo Picasso, Georgia O'Keeffe, Nickolas Muray, Isamu Noguchi e Yves Tanguy, solo por mencionar a algunas y algunos.

Pero, tras su muerte, la influencia de Kahlo entró en un periodo de latencia. En él, Diego Rivera logró convencer a su coleccionista y mecenas Dolores Olmedo de adquirir un número grande de obra, el más importante y amplio ahora en una colección en México, con más de veinte piezas. Sin embargo, este quedó por muchos años guardado en un closet, pues, se dice, la coleccionista de arte prehispánico, colonial, popular y arte moderno tanto de Rivera como de Angelina Beloff, no era muy entusiasta de la pintura de Frida, ni de ella.

En 1955 Rivera estableció un fideicomiso con el Banco de México al que donó un terreno de San Pedro Tepetlapa, donde se encuentra el Anahuacalli, y la Casa Azul en Coyoacán, y estableció que otorgaba los inmuebles y lo que ahí se encontrara (colecciones de objetos prehispánicos, obra de ellos y de otros artistas, bibliotecas, documentos, juguetes, ropa y objetos personales) para ser convertidos en museos públicos. En ese documento se estipuló que los derechos de autor, tanto de su obra como de sus escritos (de él y de ella), se cedían al Banco de México; se estableció un comité técnico, y también se detalló el acervo de la colección de arte mesoamericano en 1956. En el documento se decretó, de igual manera, el derecho de uso vitalicio de su habitación en la casa de Londres y su estudio en el Anahuacalli.

Estas decisiones de Rivera pautaron las condiciones de patrimonio de Frida en relación con lo nacional, pero también las del cuidado y la muestra pública de su obra y sus colecciones. Ambos procesos tienen hoy una contundencia mayúscula, por un lado, con la dinámica de derechos de obra bajo custodia y administración del Banco de México, y por otro, con la existencia de museos, como el Museo Frida Kahlo, que abrió sus puertas en 1958, y el Anahuacalli, cuya apertura fue en 1964. La Casa Estudio, hecha por O'Gorman en San Ángel, la heredó Rivera a su hija Ruth, quien a su vez la donó al Instituto Nacional de Bellas Artes, institución que la abrió como museo en 1998.

La confianza de Diego en la relevancia de su obra y en la de Kahlo es innegable y sorprendente. La proyección de su propio legado hizo que la obra de ella se mantuviera resguardada durante la época en la que no fue tan prominente como es ahora. Hoy quizá los términos se invirtieron, y esa vinculación es la que ha mantenido a Rivera unido a una de las más grandes artistas de la historia.

Durante los años sesenta las prácticas artísticas en México estaban en coordenadas de investigación artística centradas en lo formal, por lo que hubo un gran auge en la exploración de la pintura abstracta y una transformación en los intereses políticos. La ruptura con el muralismo y con el tipo de política social y popular que generaba fue rotunda. Los tiempos habían cambiado y las alianzas con los gobiernos en turno se habían roto, abriendo un largo y sostenido enfrentamiento político y cultural entre los artistas más radicales y el gobierno. El Partido Revolucionario Institucional (PRI) dejó de ser el referente de la promesa de justicia social para encarnar, en cambio, a un régimen autoritario.

En esos años se diluyó la presencia de Kahlo, así como la de sus contemporáneos, ante la emergencia de otras producciones, investigaciones y maneras de entender el arte. Formas abstractas, activistas, fílmicas, fotográficas, políticas, transgresoras, que abrieron paso a generaciones enteras de artistas que han renovado y diversificado lo que es el arte. Un arte que ya no busca necesariamente definir lo «mexicano», sino dar cabida a una serie de prácticas «en México» que responden a las diferentes realidades y contextos sociales del país.

Sin embargo, durante los años setenta, artistas jóvenes como Magali Lara, Mónica Mayer, Carmen Boullosa y Jesusa Rodríguez, por mencionar a algunas, generaron una práctica artística con perspectiva feminista, en la que retomaron e insistieron sobre ciertos aspectos de la obra de Kahlo: la importancia de lo personal, lo necesario de la autorrepresentación como mujeres, la necesidad de afirmar la libertad y la vulnerabilidad. Frida, para ellas, constituía una de las referencias obligadas si se era mujer y se quería ser artista en México. Ese legado les permitía una genealogía y una proyección, un pasado y un futuro.

Los años ochenta provocaron una nueva representación y búsqueda de lo mexicano, en la que la fuente de inspiración ya no sería Rivera sino la propia Kahlo, en el intento de indagar las heridas de los cuerpos, las sexualidades transgresoras y las identidades nacionales traicionadas por una serie de gobiernos que no pudieron sostener la promesa de justicia social. Esa búsqueda cruzó la frontera y se volvió también una constante en las comunidades chicanas en Estados Unidos de América. Ante la necesidad de hallar un referente, una imagen que pudiera dar cuenta de su propia hibridación, artistas chicanos encontraron en la obra de Frida un estandarte.

Al norte del continente americano la obra de Frida se consolidó gracias a las feministas: artistas como Mónica Mayer, que vivieron en Los Ángeles, seguramente alimentaron el rumor que se propagó y alcanzó a artistas chicanos y a otras más, como Judy Chicago, Miriam Schapiro y Ana Mendieta.

En 1978 se celebró la exposición *Homage to Frida Kahlo: Day of the Dead* en la galería la Raza de San Francisco, curada por Carmen Lomas Garza, con la participación de artistas como Amalia Mesa-Bains, Rupert García y René Yañez, que no solo buscaron en la referencia a Kahlo una inspiración, sino que encontraron en la repetición de su imagen, en su transformación en ícono, una aliada para su lucha por una visibilización política.

Hoy todavía las imágenes de Kahlo (no de su obra, sino de su persona) son insignia de territorios de poblaciones «latinx» en ciudades como Chicago, Los Ángeles y Houston. Ahora con *glitter*, y acompañada de otras referencias e íconos culturales como Selena, el Che Guevara o Jenni Rivera, Kahlo sigue presente en los espacios públicos de un territorio habitado por personas que todavía libran una batalla política de reconocimiento.

De vuelta en México, artistas como Nahum Zenil cuestionaron las identidades sexuales al retomar y replicar la idea del autorretrato y se volcaron en la restitución de la imagen de Frida apropiada *por* y *en* ellos como un develamiento de su sexualidad en un país muy machista y homófobo. Usando el enorme poder de invención de Kahlo traspusieron su imagen en ellos, tomando los elementos icónicos y simbólicos de su personaje y su obra, para crear un palimpsesto de potencias eróticas y sexuales que desafiaban la normatividad. Pero también era una manera de crear un lazo, una continuidad. En la obra de Zenil *Con todo respeto* (1983) se establece un vínculo entre ambos que no deja de conmover. En el dibujo están sentados juntos en aquel tranvía que destrozó a Frida. Ella con el corazón abierto mientras él suavemente coloca su mano sobre su hombro. En otros lugares de Latinoamérica, artistas como Pedro Lemebel y Francisco Casas, con la obra *Las dos Fridas* (1989) de las Yeguas del Apocalipsis, escenificaron la obra de Kahlo para denunciar la violencia y la estigmatización de las comunidades homosexuales en la pandemia provocada por el virus de la inmunodeficiencia humana, VIH.

En los años setenta y ochenta, por tanto, podemos decir que explotó en las comunidades de artistas una necesidad de intervenir en lo político desde el feminismo, las políticas identitarias y raciales, los movimientos migratorios, las disidencias sexuales y las condiciones políticas de la enfermedad con la epidemia del VIH. Se hizo evidente que lo personal era también político, como lo describió la feminista Carol Hanisch, y ocurría más allá de gobiernos, partidos y luchas revolucionarias. Lo político se encontraba en la defensa de otros modos de existir, que oponían resistencia a las fuerzas del neoliberalismo, del patriarcado y de los legados coloniales que no dejaban de oprimir a los artistas productores en los márgenes del sistema o en lugares, hasta entonces, no centrales del arte internacional.

En este contexto, se recurrió a la idea de lo personal, es decir, a la microhistoria. En esta narrativa, el autorretrato, que Frida utilizó sistemáticamente, se convirtió para esta nueva generación de artistas en una herramienta artístico-política para visibilizar cuerpos, papeles y territorios de sujetos que no habían sido considerados antes ni en la historia del arte ni en el campo de representación de lo social. Aparecían representaciones de mujeres, personas racializadas y disidencias sexuales creadas y representadas en sus propios términos.

La imagen de Frida se multiplicó y replicó, y las iteraciones comenzaron a devenir otra cosa. Una de las artistas en México que más enfáticamente recuperó a Frida sin replicar ni sus motivos ni sus formas pictóricas, sino más bien desde un reforzamiento poético de la intimidad fue Magali Lara. Ella buscaba referentes de una mujer fuera de los ambientes mágicos y místicos (que arrojaban artistas como Leonora Carrington o Remedios Varo), para afirmar la realidad, los deseos y las ambigüedades identitarias. Por ello, evocó y recurrió a Kahlo en varias de sus obras de finales de los años setenta y ochenta, al intervenir, por ejemplo, con brevísimos comentarios reproducciones de la obra de Kahlo en fotocopias, o al hacer alusiones a la huella de sus labios pintados como firma de algunas de sus cartas, para hablar de las tensiones entre la erótica y el dolor, como en la pieza *Columna rota* (1979). En 1990, en plena conformación de la llamada «Fridamanía» Magali Lara escribió el pequeño texto «Quisimos tanto a Frida»:

Frida es tres veces paradigma: por ser del tercer mundo, por ser mujer y por ser artista. Ser mexicana y ser pintora significa venir de Frida. Muchas que, como yo, quisimos tanto a Frida, ahora estamos destinadas a la traición porque ya no se nota nuestro amor, no nos hemos retratado en ninguno de sus cuadros ni jugamos a ser su reencarnación. […] Todas queríamos a Frida. Frida Kahlo vuelve a nosotras desempacada de Europa y de Estados Unidos, convertida en diosa. Se nos pide agachar la cabeza y entregarnos al olvido de sus propias dificultades para hacer un arte político como se esperaba de tan ferviente comunista. Tuvimos que aprender que «lo personal es político». Así que les pido, a las que tanto la quisimos, que la dejemos mantenerse sola con sus propios pies de barro.[1]

En este texto podemos entender que al inicio de la última década del siglo xx ya había voces críticas que se resistían al tipo de lecturas y apropiaciones que estaban emergiendo. Pues no eran solo las producciones «desde abajo», sino que una transformación en el campo institucional y mercantil empezaba a gestarse. La obra de Frida en la colección de Dolores Olmedo tomaría otro protagonismo público, *Las dos Fridas* se recolocaría en la colección del mam para labrar otra historiografía, y el propio gobierno mexicano comenzaría una nueva revalorización de su patrimonio y promovería su circulación en circuitos internacionales, coronando quizá el momento con el préstamo de *Las dos Fridas* para la feria Arco en Madrid en 2005, cuando México fue el país invitado.

En relación con las exposiciones individuales, ya muerta Frida, en 1977, se realizó una exposición-homenaje en el Palacio de Bellas Artes de la Ciudad de México, además de la ya mencionada exposición en San Francisco en 1978; para 1982 comenzaría una circulación cultural internacional de su obra con exposiciones como *Frida Kahlo and Tina Modotti* en la White Chapel de Londres, que después viajó a Alemania y Nueva York, y posteriormente, en 1983, se mostraría en el Museo Nacional de Arte de la Ciudad de México.

Desde entonces hasta ahora su obra se ha extendido a sus vestidos y sus objetos personales. A partir de 2014 se han realizado varias exposiciones en México, Nueva York, Londres y, más recientemente, París con sus vestidos y objetos personales,[2] así ha reco-

---

[1] Magali Lara, «Quisimos tanto a Frida». Las referencias completas se encuentran en el apartado de «Bibliografía» de este libro.

[2] En 2014 se realizó la exposición *Las apariencias engañan: los vestidos de Frida Kahlo*, en el Museo Frida Kahlo y fue llevada posteriormente a Londres

rrido «todo» el mundo, con excepción de Oceanía. En África, vale señalar, solo una ciudad, Johannesburgo, ha podido mostrar una de sus pinturas: *Autorretrato con collar de espinas y colibrí*.[3] Porque «todo» el mundo no es el planeta, sino un circuito geopolítico que excluye —por cuestiones relativas a los seguros y a la movilidad de obra— lugares en guerra y zonas de conflicto, aunque la propia artista provenga de una de ellas.

La presencia de Kahlo también se propagó en las esferas del espectáculo cuando cantantes y actrices de la cultura pop quisieron retomar su imagen gracias a las reverberaciones críticas que movilizaban el campo cultural y contracultural para hacer producciones más propias de las industrias del entretenimiento. Lo que inició con películas de arte, como *Frida, naturaleza viva* del cineasta Paul Leduc de 1983, terminó en una película comercial llamada *Frida* en 2002 de la directora Julie Taymor, protagonizada por Salma Hayek y producida por el mismísimo Harvey Weinstein, quien actualmente cumple una condena de veintitrés años y otra de dieciséis años en la cárcel por violaciones y acoso sexual.

En 2008 el grupo británico Coldplay estrenó un álbum llamado *Viva la vida* en clara referencia al cuadro del mismo nombre de 1954, en que se puede ver una naturaleza muerta de unas

y Nueva York. Entre 2022 y 2023 una nueva exploración de su ropa y objetos personales, bajo el nombre de *Frida Kahlo. Au-Delà des apparences*, fue exhibida en el Museo de la Moda de París en el Palais Galliera en contraposición con vestidos confeccionados por algunos de los más grandes diseñadores de los últimos tiempos. Este proyecto, entre otras personas, estuvo curado por Gannit Ankori, autora a la que referiré más adelante.

[3] En 2022 se abrió la muestra *Kahlo, Sher-Gil, Stern: Modernist Identities in the Global South* en la Joburg Contemporary Arts Foundation en la ciudad de Johannesburgo, Sudáfrica. En ella, de Frida Kahlo, se mostraron algunos videos, fotografías y vestidos, pero de sus pinturas solo se exhibió *Autorretrato con colibrí y collar de espinas*, de 1940.

sandías de contundente color rojo. Kahlo escribió dicha frase en el lienzo pocos días antes de morir. ¿Cómo volver a su pintura?, ¿cómo verla? Quizá, lo primero sea volver a la obra. La pintura a la que hace referencia el álbum marca un estilo peculiar en su obra donde las pinceladas son más abruptas, densas y apresuradas, quizá porque ya sabe que se acaba el tiempo, donde los colores rojo, verde, negro, blanco y azul contrastan y revientan, porque el cuerpo con el que pintaba ya podía hacer poco. En esos momentos, la artista encontraba la fuerza para decir: «Viva la vida». Pero de eso no queda registro en la «reelaboración» de Coldplay, donde se borró a Frida Kahlo, a la pintura y solo quedaron las palabras para hacer una especie de himno de masas sobre la caída de Luis XVI.

En relación con el mercado, los precios de su obra son un fenómeno peculiar. Su pintura *Diego y yo* fue vendida por 34.9 millones dólares en 2022 y comprada por Eduardo Costantini para la colección del Malba en Buenos Aires. Este precio, en la categoría de pintura hecha por una mujer, solo la supera O'Keeffe, cuya obra *Jimson Weed/White Flower No. 1* se vendió por 35.2 millones de dólares. En relación con su contexto global, no hay que pasar por alto que es la obra más cara vendida de cualquier artista latinoamericano, hombre, mujer o persona no binaria. No hay otro artista en la región cuya obra se haya vendido a mayor precio. Ahora, en relación con otros artistas hombres de otras latitudes, Kahlo está muy lejos. Más allá de lo invaluable ya de muchas obras y de la locura que supuso la salida al mercado de *Salvator Mundi* atribuida a Leonardo da Vinci, que se subastó por 450 millones de dólares, el resto de los artistas que encabezan la lista de los más vendidos son, en varios casos, contemporáneos de Frida Kahlo como Pablo Picasso, Gustav Klimt, Amedeo Modigliani, Francis Bacon, Jackson Pollock o Mark Rothko.

El mercado todavía marca lineamientos que ordenan el mundo según los lugares «importantes» y los géneros dominantes, y que no podemos ignorar. Las obras (sobre todo las pinturas que estabilizan un canon), el patrimonio y la riqueza son parte de una producción de arte europeo y norteamericano hecho, mayoritariamente todavía, por hombres. La inclusión de Frida en el mercado internacional, sin embargo, altera un poco el panorama. Marca otras representaciones, que generan una influencia y una visibilidad tremendas en el circuito global, y paga la factura de, por ello mismo, exotizarse y multiplicarse como mercancía.

Estos efectos de visibilidad, aunque cambian la idea de quién tiene derecho y quién puede participar de estos circuitos del arte, realmente no se traducen en una ecología global y de alta gama más incluyente para la producción artística de mujeres en Latinoamérica. Que otra mujer artista latinoamericana vaya a tener esos espacios de reconocimiento institucional y esos precios en el mercado es algo que todavía está por verse, pero al menos artistas vivas, como las colombianas Doris Salcedo y Beatriz González o la chilena Cecilia Vicuña, están recibiendo un reconocimiento internacional importante.

La cuestión del mercado es compleja, pues no tiene que ver solo con la obra sino con la mercancía, es decir, no tiene que ver solo con lo que valen las cosas sino con lo que circula, con la oferta y la demanda. En el caso de Frida hay relativamente poca obra: han sido catalogadas unas doscientas pinturas. Muchas de ellas ya están en colecciones de museos públicos. Son únicamente las que están en colecciones privadas y fuera de México las que pueden circular en mercados internacionales. Según lo dispuesto en la Ley Federal sobre Monumentos y Zonas Arqueológicos, Artísticos e Históricos, la obra de Kahlo fue declarada monumento artístico y, por tanto, patrimonio nacional, por ello no puede salir del país, ni ser destruida, aunque sí puede ser comercializada internamente. Algunos especialistas declaran que hay fugas que circulan en otro tipo de mercado, pero eso no sale en la prensa y no tenemos conocimiento detallado sobre ese tema.

Dentro de esta cuestión mercantil también está el problema de la comercialización no ya de su obra sino de su imagen. En 2004 se creó la marca «Frida Kahlo Corporation» y la única heredera de la pintora, Isolda Pinedo, cedió los derechos para crear licencias de uso de nombre y de imagen a una empresa con sede en Panamá, en la que la familia tiene un 49 por ciento de participación, y un empresario venezolano, cuyo nombre salió en las investigaciones sobre paraísos fiscales en los denominados *Panama Papers,* el resto. Las descendientes de Isolda comenzaron una serie de demandas a la compañía por incumplir los lineamientos del contrato y mercantilizar licencias en productos que las sobrinas bisnietas de Frida consideran incongruentes con la imagen de la artista. La Frida Kahlo Corporation ha vendido licencias a marcas como Mattel para producir una muñeca Barbie, a Puma para producir una línea de ropa, a la firma de la joyería británica Tatty Devine para comercializar collares con el rostro y nombre de la artista y al viñedo chileno Viña Carmen para una línea de vinos con la cara de Kahlo en las etiquetas, en las que su icónico rostro se convierte en una calavera. Además, existe una cantidad inmensa de pequeñas empresas que comercializan objetos y productos tan variados como sorprendentes, que se pueden ver en la cuenta de Instagram de la Frida Kahlo Corporation y que confunden el legado de la pintora con la mercantilización de su iconicidad.[4]

[4] Uno de los artículos más relevantes sobre el tema se puede encontrar en: Constanza Lambertucci, «Frida Kahlo Corporation: la batalla legal por una marca millonaria».

En los últimos años, dicha corporación también ha producido exposiciones inmersivas como *Frida Kahlo, The Immersive Biography,* que se presentó en Nueva York en 2022 y que ahora está de gira por el mundo. Esta parece ser una respuesta al éxito de la exposición *Frida* que realizó la empresa Cocolab con Ocesa en la Ciudad de México en 2021, que mostraba la obra de Frida a escala monumental acompañada de música y animaciones digitales. En 2021 también circuló en varias ciudades en Estados Unidos de Norteamérica la exposición *Immersive Frida Kahlo. Her Life. Her Love. Her Art,* producida por la compañía Lighthouse Immersive, que no estuvo afiliada o avalada, según dejan claro en su página legal, por la Frida Kahlo Corporation.

Esta serie de proyectos nos habla de una nueva circulación de exhibiciones en las que no se expone la obra, sino su imagen, cuando los derechos lo permiten y, de Kahlo misma cuando no, cambiadas de medio, digitalizadas, adaptadas, apropiadas, recortadas, remontadas, dramatizadas, con mayor o menor rigor en la investigación curatorial, para su circulación espectacularizada y masiva en el mundo.

Además de la producción de mercancías legales con la imagen o el nombre de Frida, está también toda esa producción no autorizada de parafernalia, memorabilia y objetos con apropiaciones de Frida y sus obras, asociaciones libres que conjugan imaginarios a veces absurdos y otras tantas entrañables; mercancía no solo útil y comercial, sino también portadora de paisajes y de deseos. Ellas pululan libres por el mundo, alimentando fantasías e imaginarios que no son necesariamente los que creó la artista sino los apropiados por nosotras.[5]

---

[5] Una obra importante sobre la complejidad de dichos objetos se puede ver en el libro: Gaby Franger, *Frida Folk.*

No pretendo hacer un análisis pormenorizado de las tramas históricas que han hecho de Frida Kahlo el fenómeno cultural que es hoy, pero me parece importante mostrar algunos de los engranajes para entender la multiplicidad y la complejidad de dinámicas y factores que se conjugan aquí. En este ensayo, sin embargo, quiero alejarme tanto del ícono como del producto de las industrias culturales para entender la importancia de la artista y, más bien, dirigirme a la obra, a su pintura, a algunos de sus cuadros para explorar un complejo proceso de devenires, de transformaciones y mutaciones en su propia construcción de sí misma; son obras en las que se manifiestan intensidades y flujos que no crean únicamente a un personaje sino que proponen y sostienen una idea y una representación compleja de la vida. Una multiplicidad plástica que produce un quiebre en las formas de representación de su época y se convierte, en la nuestra, en una provocación para seguir cuestionándonos.

Mi intención no es hacer una invocación de pureza ni intentar volver a un espacio «libre» de estas dinámicas, en el que podamos acercarnos a la obra de Frida Kahlo de una manera no «contaminada». Este es el mundo en que vivimos y, si bien ha generado una vorágine cultural global, ello ha permitido, también, la propagación de su obra. En ella a veces se ve solo al ícono, pero otras tantas despierta el deseo, como una capacidad de sentir, en aquellas y aquellos que miramos su pintura. Este deseo no tiene nunca un sentido unívoco, ni se puede controlar por completo. En su contagio, siempre puede ir más allá de las dinámicas mercantiles y espectaculares, y abrir cosas que no podríamos predecir ni esperar.

Me interesa proponer una lectura en la que, en este sistema, en este gran cúmulo de sentidos que se propagan sobre su trabajo, también se insista en la obra, en pensar qué pasa en ella. No es una vertiente nueva, siempre ha estado ahí; en la época que Kahlo produjo y vivió, en sus recuperaciones feministas, queer, chicanas, enfermas, y ahora también. Volver a la obra para verla en su singularidad, notar qué nos dice todavía.

Más allá de la biografía

En los años cincuenta del siglo XX se declaró que la obra de Frida Kahlo era autobiográfica. Los artículos que reseñaron su única exposición en México en 1953 arrojaron la consiga de que era imposible separar la vida de la obra de Kahlo, que su pintura era su biografía.[6] Esta idea se consolidó como verdad inmutable. Y de ahí comenzó un acercamiento que ha fundido obra y vida en una unidad que es difícil de separar hoy. Si bien entre ambas se presentan cruces que son importantes para las exploraciones políticas de nuestro tiempo, en las que hemos asumido el planteamiento feminista de que lo personal es político —y que, sin duda, tiene que ver con uno de los principios que hizo relevante la obra de Kahlo—, esta interpretación también ha supuesto una violencia, en la que se ha examinado, purgado, diseccionado su vida entera, como si fuera un enigma por resolver, a la vez que se ha proyectado en su persona y su imagen una especie de ícono para su cosificación y consumo.

[6] José Moreno Villa, «La realidad y el deseo en Frida Kahlo». Este comentario está referido en el libro de Hayden Herrera, *Frida. Una biografía de Frida Kahlo*, p. 479, y en el de Gannit Ankori, *Frida Kahlo*, p. 16.

En 1983 la historiadora norteamericana Hayden Herrera publicó *Frida. Una biografía de Frida Kahlo*. En este libro, la autora desentraña la vida de la pintora a través de sus cuadros, sus correspondencias, sus entrevistas y todo tipo de documentaciones que permiten informar sobre la vida de la artista. Ahí se da cuenta de la totalidad de su trabajo, su sentido y significado, pero, sobre todo, se pretende descifrar su vida, sus relaciones, sus amores, sus pasiones, sus frustraciones. Es decir, a ella como persona. En su prefacio Herrera declara:

A Frida le hubieran complacido los múltiples recuerdos que dejó. De hecho, ella fue una de las creadoras de su fabulosa leyenda, y como era tan complicada y tan intrincadamente consciente de sí misma, su mito está lleno de tangentes, ambigüedades y contradicciones. Por eso una vacila a la hora de revelar los aspectos de su realidad que podrían socavar la imagen que ella creó de sí misma. Sin embargo, la verdad no disipa el mito. Aun después de escudriñarla, la historia de Frida Kahlo sigue siendo tan extraordinaria como lo es su fábula.[7]

Las palabras con las que Herrera define a Kahlo nos informan del objeto que enfrenta: una leyenda, un mito, una fábula. Su trabajo, parece decir Herrera, está en revelar «la verdad». Ello no para desvanecer esta construcción mitológica, sino quizá para hacerla todavía más enorme. Su biografía examina cronológicamente la vida de la artista y los contextos políticos y sociales en los que sucedió. Esto permite entender la historia no solo de Kahlo sino del país, y de los complejos contextos políticos en los que surgió la obra. Por ello ha sido una lectura fundamental para explorar

---

[7] Hayden Herrera, *op. cit.*, p. 24.

el trabajo de Kahlo. Sin embargo, hoy perturban los detalles, las palabras reveladas, las confesiones hechas públicas, las correspondencias privadas, los secretos expuestos, las inferencias y, sobre todo, las interpretaciones artísticas a partir de elucubraciones casi clínicas.

No solo en esta biografía sino en muchas de los cientos que se han escrito se tiende, sobre todo en textos de finales del siglo xx y principios del xxi, a diseccionarla desde una psicología interpretativa que en cada forma, trazo y color quiere encontrar claves no solo de su obra sino de ella, como si hubiera un secreto oculto que tuviéramos que descifrar para dar dignidad a una obra y a una vida. No sé cuántos libros se han escrito sobre Frida Kahlo, bajo la entrada de su nombre encontré, en el verano de 2023, 120 entradas en la biblioteca del Instituto de Investigaciones Estéticas; en la del Museum of Fine Arts de Houston, 645. En Google hay más de treinta millones de entradas con su nombre y mi ChatGPT me informa que no me puede decir la cantidad exacta de libros publicados sobre ella, pero que con seguridad se puede decir que son cientos y que continúan apareciendo. Obviamente, no se pueden clasificar todos los trabajos bajo las mismas líneas narrativas y mucha de la producción contemporánea va por diferentes caminos que el del mito, la leyenda y la fábula. Pero estas han sido tendencias importantes en lo que refiere a su interpretación. ¿A algún artista hombre se le ha sometido a este tratamiento? Imagino que su contraparte en masculino podría ser Pablo Picasso. Como ha explorado el artista también español Rogelio López Cuenca, el artista malagueño se consolidó en los mismos juegos entre neoliberalismo, nacionalismo e identidad como el ícono de la «marca» España. Sin embargo, son interesantes las diferencias. Aun cuando Picasso es usado y consumido como imagen, su vida personal no se explota para interpretar la obra. La consagración de Picasso es acaso la del último gran artista moderno, obviamente hombre, y mantiene en esa construcción el halo de genialidad y de autonomía de la obra.

Sin duda, que su cuerpo de obra sea en buena parte autorretratos, ha «autorizado» la idea de que su trabajo es una manera de presentarse ella misma, de producir una identidad fija y estable, y por ello podemos y debemos encontrar aquello que representa, como la otra parte del signo que sostiene y significa su imagen. Esta interpretación de la obra de Frida Kahlo me hace cuestionarme qué quiere decir que una obra sea biográfica: ¿que se sostiene en la vida?, ¿que se construye desde lo personal?, ¿que permite fusionar obra y personaje?, ¿que los vuelve intercambiables?

Quizá, en realidad, lo que haya que explorar es, como sugiere el filósofo y cineasta Paul Preciado en su película *Orlando. Mi biografía política* (2023), que «la biografía no es la vida». Porque la biografía, como lo dice la etimología de la palabra, es la historia de la vida de una persona, pero la historia no es nunca la vida. La historia es siempre un relato, una narración. La vida es otra cosa, que ocurre no solo en el lenguaje sino en las intensidades y en las fugas de la experiencia, en lo inenarrable. Con la obra de Frida Kahlo no accedemos a una biografía, quizá ni siquiera a una autobiografía, sino a una obra que fue producida desde la vida, celebrándola y asumiéndola en sus complejidades, por ello está colmada de una fuerza que hoy nos sigue conmoviendo.

Si alguien llegara a ver únicamente la obra de Frida Kahlo, sus doscientas pinturas, así como sus dibujos y bocetos, sin conocer absolutamente nada del personaje, seguramente llegaría a descifrar algunas cosas, pero no podría relatar su vida como se hace en algunas de sus biografías. Se tendrían fragmentos de vida, intensidades plásticas y potencias visuales, pero no se podría recrear la biografía que ahora todos conocemos y repetimos sin cesar.

Si bien la autobiografía ha sido una herramienta textual imprescindible para elaborarnos y reivindicar fuerzas muchas veces silenciadas, no deberíamos engañarnos y pensar que esta forma de enunciación no corre peligros. Como dice el filósofo Jacques Derrida:

> La autobiografía, la escritura de sí del ser vivo, la huella del ser vivo para sí, el ser para sí, la auto-afección o la auto-infección como memoria o archivo sería un movimiento inmunitario [...] pero un movimiento inmunitario siempre amenazado de tornarse autoinmunitario [...] Nada corre el riesgo de resultar tan emponzoñador como una autobiografía.[8]

El *auto* en la escritura y en la producción artística, si bien es un acto de salvación y de rescate, no siempre logra escamotear las trampas del *auto* en la conciencia y en el lenguaje, que esconden las ideologías y necedades que siempre arrastran la memoria y la palabra. Por ello, aunque podemos tomar en cuenta lo dicho, también podemos dudar y, sobre todo en el caso de Kahlo, podemos dejar de interpretar la obra a la luz de la autobiografía, de la biografía y más lejos todavía de la celebridad.

La obra de Frida Kahlo emerge de una perspectiva personal y también es claro que, más allá de las lecturas que se han hecho, ella misma se construyó como un personaje público quizá hasta con la fantasía de convertirse en una leyenda, pero en su trabajo la fusión de la vida y obra no ocurre en un sentido convencional. Hay, sin duda una construcción de su vida, una representación plástica de ella, de las múltiples *ellas* que fue. En su obra encontramos más que una autobiografía, una construcción de su vida

---

[8] Jacques Derrida, *El animal que luego estoy si(gui)endo*, p. 64.

como sujeto múltiple y mutable, pero también de la vida en general como potencia para transformarnos, para devenir en aquello que la experiencia exige, en diferentes géneros y especies, en seres híbridos que se metamorfosean para poder vivir.

Mi generación, esa nacida a finales de los años setenta y principios de los ochenta, además de conocer a Frida bajo su nombre de pila y ubicarla en los usos nacionalistas y comerciales de los que pretendíamos escapar, también se formó bajo la lectura de Michel Foucault y de Roland Barthes, con los planteamientos de la muerte del autor. Esto no significa que no importen los contextos de producción y de vida; al contrario, no hay manera de entender —ni a las palabras ni a las cosas— sin sus condiciones históricas. Pero este principio supone que buscar el significado de una acción o producción desde la intención de una conciencia fundadora es un falso problema. Lo que fue Frida Kahlo —lo que quiso, pensó, deseó, sintió— está, afortunadamente, fuera de mi alcance. Lo que tengo a la mano es la obra. Las posibilidades críticas están en su trabajo. Lo que esta investigación pretende hacer es recorrer una parte de su obra; analizar qué abre, desde dónde, hacia qué nos dirige y qué o en dónde nos arroja hoy su pintura. Intentar ver más allá de Frida, el arte de Frida Kahlo.

Para ello, no intentaré borrar o ignorar la historia, pero sí pretendo centrarme en la obra. Recorrerla de manera fragmentada y no lineal. Mi intención no es revelar nada. No se encontrará en este texto ninguna «verdad», ningún documento que suponga un vuelco en la interpretación de Frida Kahlo. En cambio, pretendo generar constelaciones con problemas que nos inquietan hoy, y donde la obra de Kahlo puede ser un disparador, un refugio, una potencia, una explosión.[9]

[9] Algunas de las reflexiones preliminares de esta investigación fueron parte de la conferencia «The Self-Portraits of Frida Kahlo: A Ribbon Around a Bomb», que

Esta investigación partió de una invitación que me hizo la Joburg Contemporary Art Foundation, que mostraría, por primera vez en Sudáfrica, una pintura de Kahlo. Aunque no era mi tema de investigación, acepté la propuesta, al estar viviendo en ese momento en un tiempo raro. Acababa de abrirse la exposición que había curado con Alejandra Labastida, *Maternar. Entre el síndrome de Estocolmo y los actos de producción* en el MUAC.[10] Un proyecto de varios años que terminó de gestarse en plena pandemia de covid-19, con una niña de cuatro años sin escuela, y con la ansiedad del encierro y la incertidumbre. Después de abrir la exhibición yo estaba agotada y quemada. Faltaban un par de meses para poder tomar mi año sabático, que había sido pospuesto más de dos años por la pandemia, así que pensé que podía ponerme a investigar a Frida Kahlo, y así podría viajar a Johannesburgo, ciudad en la que estaba Simon, con quien había tenido una relación sentimental y a quien no había visto en más de un año, y Prishani, una de mis amigas más cercanas y queridas, quien siempre tuvo un amor profundo por la obra de Frida. Cuando le dije a ella que me habían invitado a hablar de Kahlo me dijo: «Me gustaría que lo hicieras, me gustaría que volvieras y escucharte dar esa conferencia».

Lo que pensé que sería una revisión puntual y acotada fue tomando más tiempo. Durante casi cuatro años he estado revisando y pensando la obra de Frida Kahlo. Primero, mientras hacía otras cosas y luego, hasta dedicarme a ello casi por completo. Esto es algo nuevo para mí, pues nunca había trabajado *con* o *sobre* una artista muerta. Yo me he dedicado más a la teoría estética dentro

se realizó en la Joburg Contemporary Art Foundation como parte de la School of the South Lecture Series en junio de 2022 en la ciudad de Johannesburgo. [10] Se exhibió de noviembre de 2021 a julio de 2022. El catálogo se puede descargar gratuitamente. Más adelante hablaré sobre esa exposición y las artistas participantes.

del arte contemporáneo, por lo cual mi trabajo es más bien teórico y cuando realizo actividades curatoriales o de crítica puntual trabajo *con* y *sobre* artistas. Es decir, mi acercamiento es en relación con la producción de obras y de procesos específicos. Esta ha sido la primera vez que quise entender un cuerpo de obra ya existente, ya construido, ya interpretado y, sobre todo, sin la réplica de la artista.

También ha sido la primera vez que trabajo con una metodología más cercana a la historia del arte, donde reviso atentamente toda la obra de un artista. Si bien había visto una buena cantidad de piezas —en 2005 visité la exposición *Frida Kahlo* en la Tate Modern porque casualmente visité Londres en ese momento—, no tenía ninguna reflexión o juicio de su pintura y, fuera de lo más obvio, no tenía ni idea de lo que quería decir y lo que podría significar la obra de Frida Kahlo. Tuve que revisar catálogos de su obra, que afortunadamente son muy completos, pero que tienen el problema de lo complejo, o imposible, que resulta llegar a reproducir el color y materialidad de las pinturas en las publicaciones impresas. Tuve la suerte de poder ver dos veces durante este tiempo las obras que pertenecen a la colección Dolores Olmedo, una en la exposición *Frida Kahlo: alas para volar*, curada por Susana Pliego en la Casa de México en España en Madrid, y otra en una visita a la propia Colección Olmedo en la Noria al sur de la Ciudad de México. También puede consultar las obras que se exponen en el Museo Frida Kahlo y las del Museo de Arte Moderno. La sorpresa, debo decir, fue mayúscula.

Aunque uno conozca las medidas de las pinturas, sorprende que lo pequeño, en muchos casos, de las obras, logre esos efectos y afectos enormes. En esas pequeñas dimensiones, los trazos y los colores logran crear mundos inmensos. Sus cuadros resultan ser unos objetos completamente únicos que, aunque hayamos visto mil y una veces en reproducciones, tienen otra singularidad y potencia cuando se perciben su materialidad, textura y color.

Además, por otro lado, es la primera vez que realizo una investigación deteniéndome en una especie de estado de la cuestión, es decir, donde reviso lo que se ha publicado sobre el tema. Es solo «una especie» porque respecto a Frida no hay manera de revisar toda la bibliografía existente: son miles de libros y publicaciones los que se han escrito sobre ella. Pero me detuve en las investigaciones que se han consolidado como canónicas: las realizadas por Hayden Herrera, Teresa del Conde, Raquel Tibol y Carlos Monsiváis, y, más cercanas a mí, las pesquisas hechas por Gannit Ankori. También seguí de cerca las consideraciones de mis colegas Rita Eder, Deborah Dorotinsky, Dina Comisarenco, Karen Cordero, Luis Vargas, Sandra Zetina, Cuauhtémoc Medina y Renato González Mello. De cualquier modo, aunque fue un acercamiento más propio al campo disciplinar de la historia del arte, el resultado sigue siendo un ensayo literario, que piensa la obra de arte en relación con la filosofía, el feminismo, la estética y, en última instancia, con un por-venir político.

Muchas veces me he preguntado por qué escribo esto, qué necesidad hay de un nuevo texto sobre Frida Kahlo. La respuesta es que ninguna. Necesidad no hay, quizá lo que hay es un deseo de compartir algo que fue sorprendente. Esta investigación se realizó en años áridos para mí. Un tiempo de mucha soledad y de incesante incertidumbre. En esta temporada de dudas personales, pero también epistémicas, lo que pude hacer fue acercarme a una obra sobre la que había tenido muchos prejuicios. Creo que el hacerlo me enseñó a ver de otra manera. Me enseñó a detenerme frente a las pinturas, considerar su composición, sus trazos, su materialidad, sus colores, sus contrastes, su densidad, su peso. Pude explorar la manera en que fue hecha, pero también el tiempo en que fue producida; preguntarme de dónde emergió, en qué condiciones, hablando con quién, dirigiéndose a quiénes. Y, sobre todo, mirar todo eso me enseñó preguntarme qué decía su obra en mí, en mi contexto, en el tiempo y el lugar donde vivo. En el momento en que pienso.

No encontrarán aquí un análisis de la obra ni de la vida de Frida Kahlo. Hay muchos libros, unos muy buenos y otros muy malos, donde se detalla día a día su vida y cuadro a cuadro su producción, algunas veces separados, pero la mayoría de las veces interpretando a los últimos a la luz, o a la sombra, de los primeros. Aquí lo que hay es un ensayo, que lo que hace es justo eso: ensayar ideas, relaciones, pensamientos. Un ensayo que intenta acercarse a su obra desde nuestro tiempo, que intenta articular qué abre en nosotras, nosotros, nosotres.[11] De contarles lo que abrió en mí.

En 1938, en preparación para la exposición *Mexique* que realizaría en París, el surrealista André Breton escribió un pequeño texto que fue impreso para la ocasión bajo el nombre de «Frida Kahlo», en el que enmarcó su obsesión con México y sus objetos antiguos y modernos, y escribió sobre la artista. Además de señalar en su obra la posibilidad de encuentro entre las líneas políticas y artísticas para una conciencia revolucionaria, señaló cómo la pintura de Kahlo era la mejor situada en el tiempo y el espacio, así como también era la más pura y las más perniciosa. Breton cerraba su elucubración fantasiosa con una frase que se ha esparcido como

---

[11] Este libro está escrito para todas, todos, todes. Es un texto que asume el derecho de inventarse como una quiera y, por tanto, de nombrarse como mejor le parezca a cada quien. Yo me asumo en el pronombre «ella», y en muchos casos para referirme a un «alguien posible» le convocaré en femenino. Cada quien, según se requiera, puede cambiarlo al pronombre que mejor le acomode y sienta que se le dirige.

pólvora: «El arte de Frida Kahlo de Rivera es una cinta alrededor de una bomba».[12]

Este ensayo busca desatar el listón y dejar que la bomba haga su explosión. Dejar ver eso que quiso muchas veces ser contenido en un relato del arte femenino, y mostrar y explorar las detonaciones. Por ello, intentaré explorar en la obra no la vida de un personaje sino la creación de una pintura compleja, cruda, confrontativa que, desde diferentes formas y figuras, generó una serie de intensidades que, con una fuerza inusitada, sigue manifestándose. Una obra que, más que sostener una mitología, permite abrir espacios sensibles para fuerzas que piden paso. El regalo que nos hace Kahlo hoy no es la cinta sino la explosión.

Aquí hay una exploración de una obra que se sostiene en la vida no como la construcción de una identidad, sino como un campo de potencias para ser lo que una puede ser. Si, como yo, ustedes son de la generación que no supo ver el trabajo de Frida Kahlo, espero que este ensayo les genere las ganas de hacerlo, para ver desde la obra, para abrirla de nuevo, sin mitologías, ni leyendas, ni fábulas. Para, más bien, acercarse en la especulación al impulso de una imaginación radical que nos provoca el deseo de metamorfosearnos en aquello que la vida obliga.

[12] André Breton, *Antología (1913-1966)*, p. 143.

II

Mis padres, mis abuelos y yo.
La invención de lo político

La producción de Frida Kahlo, tanto de su obra como de ella misma como personaje público, es parte de un periodo de convulsión y de transformación nacional. Nacida en 1907 —aunque a ella le gustaba decir que había nacido con el inicio de la Revolución Mexicana, en 1910— fue parte de un proyecto, nunca unificado y más bien ambivalente, contradictorio y en disputa, de dar forma a la nación moderna que emergía del turbulento proceso revolucionario. Proceso que algunos historiadores marcan de 1910 a 1938, en esta última fecha se consolida el programa presidencialista con el gobierno de Lázaro Cárdenas.

En este largo periodo el arte, y sobre todo el muralismo, tuvo un papel protagónico para dar forma y sustento a los sueños de varios procesos revolucionarios, y se sedimentó como proyecto nacional en diferentes gobiernos. El muralismo era una manera de dar forma, de hacer aparecer, una nación emergente, que todavía no existía más que en la imaginación. Por ello fue un proyecto artístico, pero también político, ello permitía entrar a la modernidad y señalar hacia dónde debía llevar el progreso, con una imagen clara y precisa.

De familia burguesa —pero en una mala situación económica debido a la pérdida del prominente trabajo que tuvo Guillermo Kahlo como documentalista de monumentos para el régimen de Porfirio Díaz antes de la Revolución— Frida (a diferencia de muchas otras mujeres de la época y de sus propias hermanas) estudió en la Escuela Nacional Preparatoria. Era una de las 35 mujeres entre los dos mil alumnos inscritos en el plantel, y tenía la intención de ingresar posteriormente a la carrera de Medicina. En San Ildefonso no solo tuvo una educación bajo el «espíritu» progresista de la época, sino que convivió de manera muy cercana con gente que fue prominente en las artes, la cultura y la política en el país, como Alejandro Gómez Arias, escritor que tuvo un papel importante como líder del movimiento estudiantil de 29. Con él y otros cuantos jóvenes, Frida formó el grupo de los «Cachuchas». Se dice que devoraban libros, debatían, se divertían y eran insumisos ante las jerarquías y formas autoritarias de la época. En esa escuela también conoció a Aurora Reyes, muralista comunista con la que mantendría una profunda amistad durante toda su vida.

La correspondencia de Frida en esa época demuestra un interés por los acontecimientos políticos de su tiempo, aunque ella no militaba en ninguna organización o partido. Se sabe que era una joven culta que leía en alemán e inglés; su padre, como mencioné arriba, era un destacado (aunque poco reconocido) fotógrafo alemán, y eso le abrió horizontes culturales y políticos importantes con respecto al estado del mundo. Frida fue contundente con su rechazo al fascismo y al nazismo, y fue cercana a algunos de los planteamientos comunistas en boga en los círculos de izquierda del momento. Su encuentro con Diego Rivera, en 1928, supuso su entrada a un programa político, que participaba de movimientos e ideologías de aquel tiempo, pero que también tenía elementos muy propios, que no solo compartieron Rivera y Kahlo, sino que —me parece que es necesario decirlo— inventaron y alimentaron juntos.

Rivera fue uno de los organizadores estéticos y políticos más importantes del proceso postrevolucionario en México. Parte de ese proyecto era generar una plataforma educativa propagandística que, desde el arte, generara una representación común del pueblo mexicano. Una figuración a seguir. Para crearla, Rivera generó afiliaciones, estrategias, colaboraciones y alianzas que mutaban y se contradecían muchas veces con sus posturas previas, pero iban forjando un camino propio para crear un proyecto político desde el arte. Rivera no era necesariamente una persona congruente, pero fue perseverante como pocos.

Para dar una perspectiva de la importancia que el muralismo tuvo en el país me parece interesante recordar un comentario de Jacques Lacan. En 1966 el analista francés visitó la Ciudad de México después de un viaje por Estados Unidos. En el recuento de su viaje, como lo explora Manuel Hernández en su libro *Lacan en México. México en Lacan. Miller y el mundo,* elaboró una reflexión sobre las discrepantes formas del pasado que se configuraban en diferentes lugares del mundo. El pasado de la repetición, que era el que se vivía en Europa; el pasado en su forma perfecta, que ubicaba en la joven temporalidad norteamericana de las universidades del país del norte, y un tiempo específico que se manifestaba en los murales de Rivera y de O'Gorman en los que, decía Lacan, el pasado estaba inscrito de una manera que nunca existió. Lo que ahí ocurría, en palabras del psicoanalista, era algo enigmático y sorprendente, lo que los murales vehiculaban era «el lazo invisible de una irremediable rotura que subsiste a través de generaciones».[13]

[13] Jacques Lacan, *L'objet de La psychanalyse.* Un análisis completo de las implicaciones de lo dicho por Lacan puede leerse en Manuel Hernández, *Lacan en México. México en Lacan. Miller y el mundo.*

El muralismo, como proceso, dio forma a un tiempo futuro que pretendía unir, como ha señalado el historiador del arte Luis Vargas,[14] pasados negados y rotos. La conquista y la colonia se articulaban con una serie de revueltas que se decantaban en el triunfo y la consolidación de una nación nacida de una revolución que prometía justicia social. Era una invención, una vehiculación para un tiempo por venir. En el marco de un complejo proyecto ideológico de mestizaje, el muralismo intentaba generar, para gente como Rivera que llevaba el programa estatal a su propia ideología política, la representación de un pueblo.

El muralismo de Rivera, que es muy diferente al de José Clemente Orozco o al de David Alfaro Siqueiros, fue la creación de una vanguardia artística mexicana que unía formas pictóricas europeas —técnicas de frescos y perspectivas renacentistas—, con un simbolismo e invención de lo mexicano que marcan una propia idea de modernidad. Su programa no solo era artístico, sino que al centro tenía el objetivo de alzar un proyecto revolucionario que diera entrada a una política socialista de integración agrarista y obrera.[15] Los murales de la Secretaría de Educación Pública (SEP) (1923-1928) son centrales para este proyecto. Comisionados por el primer secretario de Educación, José Vasconcelos, durante el gobierno de Obregón, podemos ver, como afirma Renato González Mello, que la pintura es parte de la invención política de identidades:

La pintura mural fue crucial para desarrollar esta identidad social y política emergente, en un tiempo que estaba lejos de convertirse en

---

[14] Luis Vargas Santiago, «Crafting the National: Visible and Invisible Malinches», pp. 87-95.

[15] Esta política de integración agrarista no era la línea dominante en ese momento en el Partido Comunista.

la categoría retórica de la Revolución. Por eso, lo que argumentaré no es que la pintura haya tomado sus categorías de la política, sino que [la pintura] contribuyó a articular las categorías políticas y las identidades.[16]

Además de los planteamientos revolucionarios que están en los murales de la SEP y que no se encuentran de manera tan contundente en ninguna otra obra del artista, me interesa destacar que en ellos aparece el primer retrato que Rivera hizo de Kahlo. En este panel, ella se presenta como una militante comunista que reparte armas a los obreros —los intelectuales serían parte de la alianza de vanguardia en una rara y original actualización Saint-simoniana—. Son varios los murales de Rivera en los que se retrata a Frida, siempre como agente de la revolución. En ellos podemos ver quizá el papel que Rivera deseaba para ella, pero que, como veremos, no es el que ella tomó en su vida ni el que usó para representarse a sí misma en su propia obra.

Me refiero a la obra de Rivera no para subordinar el lugar de Kahlo y su representación al trabajo de Diego —cosa que, si bien ya no es la línea narrativa dominante actualmente, sí fue uno de los sesgos interpretativos durante la vida de la pintora—, sino para señalar la invención de ese imaginario de lo mexicano. Ambos artistas comparten un programa político que requiere una «movilización sensible», que necesita hacer aparecer otros objetos, sujetos y sensibilidades. Por ello no solo es un programa político, sino también artístico y estético.

La dimensión estética que menciono se refiere a la noción filosófica de este concepto, que apunta a las condiciones de posibi-

---

[16] Renato González Mello, «Razas, clases y castas. La invención pictórica del campesino», p. 11.

lidad de la experiencia. En la estética ilustrada se proponía a esta como la disciplina para entender nuestra experiencia sensible del mundo, por ello la estética estudia las condiciones —en la concepción clásica: espacio y tiempo— que permitían a un sujeto tener una experiencia sensible. En sus elaboraciones más contemporáneas, la estética, en específico en el pensador francés Jacques Rancière, se re-elabora como el sistema de las formas que determinan lo que se va a experimentar. La configuración de lo sensible es una delimitación histórica, como previamente mostró Michel Foucault, de tiempos y espacios, de lo visible y lo invisible, de la palabra y del ruido.

La estética en este sentido amplio, por tanto, no se trata de un estilo artístico o de un juicio sobre una obra sino de una manera de percibir en común, es decir, la manera general que tenemos de ver, nombrar, entender, las cosas y personas que pueblan al mundo, y, por ello, tiene un carácter político. Porque lo sensible tiene que ver con las cosas que aparecen y, sobre todo, con cómo aparecen ante nosotros.[17] Este aspecto sensible nunca está dado de una vez y para siempre, tanto las sensibilidades, como capacidades receptoras, como lo sensible mismo están en constante debate y desacuerdo. Siempre hay tensiones de cómo ver y qué papeles ocupamos en una distribución específica. Por ello, el arte también tiene un rol importante en hacer aparecer otras configuraciones de lo sensible. El muralismo lo intuía y mostraba a sujetos y objetos de manera que nunca habían aparecido en las representaciones de lo mexicano. Ahí, me parece, está la dimensión estética del muralismo.

Las intervenciones de Rivera y de Kahlo para hacer aparecer esa invención de lo mexicano bajo un programa de justicia social

---

[17] Jacques Rancière, *La división de lo sensible: estética y política*.

toma forma en el uso de objetos populares, la artesanía, el trabajo hecho a mano y de larga tradición en el país —cosa castigada en la época, que todavía intentaba hacer una diferenciación entre alta y baja cultura—. Aunque estos elementos ya habían sido utilizados por artistas como el Dr. Atl, Rivera y Kahlo los impulsaron de manera radical para caracterizar una plasticidad, materialidad y originalidad mexicana.

También esta apertura sensible se puede rastrear en la colección e incorporación tanto en su obra como en su casa de Coyoacán —la conocida como la Casa Azul, que sin duda es una obra de arte reformada por Juan O'Gorman— de objetos arqueológicos pertenecientes a culturas mesoamericanas. Estos objetos son altamente significativos, pero no por una identificación histórica de corte arqueológico, sino como parte de esa creación sensible y de la invención temporal que les permitía conectar un pasado remoto con un tiempo presente desde una serie de materialidades y formas que tuvieran continuidad en los imaginarios de su tiempo. La incorporación de esos objetos era su manera de crear un lazo, de vehicular, de continuar y empujar a un tiempo por venir. Es una operación que usan la estética y el arte para dar cuerpo y forma a un sujeto político histórico (el mexicano). Un sujeto que, no olvidemos, en las primeras décadas del siglo XX estaba ausente en el campo de la representación social, política y cultural todavía dominados por ideologías coloniales o herederas de la colonización.

Sin embargo, esta invención sensible está cargada de elementos que a lo largo del tiempo se han aislado para remitir a una cuestión más bien folclórica e identitaria. Un ejemplo de ello es la vestimenta indígena de Kahlo como si esta fuera un elemento de reivindicación identitaria personal. Efectivamente, ella usaba trajes tradicionales (el de tehuana, por ejemplo) como lo hacían también varias artistas de la época, pues las mujeres zapotecas del

Istmo representaban una fuerza de organización social y política femenina. Desde el siglo XIX hay una representación en litografía, de Antonio García Cubas, y fotografías etnográficas, como las de Frederick Starr, de las mujeres del Istmo de Tehuantepec vestidas con huipil.

En la pintura del siglo XX, además de Saturnino Herrán, Rivera pintó mujeres vestidas de tehuanas; para este el vestido se volvió un referente importante de la mexicanidad pensada en términos transculturales (recordemos que el bordado del vestido tiene elementos que provienen del mantón de Manila en Filipinas), eróticos y de fuerza política. En esa sobreidentificación de Frida como tehuana se obvia la dinámica social de reivindicación de muchas mujeres de izquierda, y también se deja de lado el uso en la artista de vestidos asociados con lo rural, así como ropa proveniente de China y atuendos identificados con lo masculino. Como tantas de nosotras, Kahlo se vestía con aquello que la hacía sentir más ella, más «cómoda» con su cuerpo, pero también más conforme con un paisaje de sí misma, y eso siempre tiene repercusiones políticas.

La elección de Frida sobre su vestuario tiene una fuerza particular, y ello ha llevado a innumerables exploraciones de su apariencia y a búsquedas de su conexión con las industrias de la moda, pues impuso en la vestimenta un compromiso social que marcó a muchas generaciones, incluso hasta nuestros días. Ello sigue inspirando, como se pudo ver el despliegue del Desfile Crucero 2024 de la casa de modas Dior, a diferentes diseñadores nacionales e internacionales. Estas referencias a Frida funcionan a veces como homenaje y, otras tantas, como apropiación.

Kahlo usó la ropa para cuidar de sí y poder «adornar» los elementos corporales que no le gustaban de ella, pero también para construir una imagen personal donde fluía lo rural, lo indígena, lo popular y lo masculino. Todo ello con una atención a los textiles y a los colores que creó su imagen y su manera de presentarse públicamente. La producción de su persona no solo la construía a ella, sino que al hacerlo hacía visibles a todas «ellas» y «ellos» que eran parte del sentido semiótico de la vestimenta que usaba: mujeres pobres, indígenas, mestizas, trabajadoras; así como una exploración a diversas sexualidades, independencia y autonomía. Al hacerse aparecer desde ellas (al adornarse con sus vestimentas), ellas (las portadoras originales) aparecían también y con ese doble gesto Kahlo retaba así el ordenamiento de cuerpos y lugares de su tiempo.

La incorporación de la etnicidad indígena a la vida pública es fundamental para el proyecto político de lo mexicano. Esta incorporación no era la reivindicación de los pueblos originarios —cosa que hay que tener muy clara a la luz de las demandas y luchas contemporáneas—, sino su integración para un mestizaje que permitiera la emergencia de un pueblo, más o menos unificado, y con un «destino» común. Un mestizaje que, como ha señalado le historiadore Fe/derico Navarrete, en México no fue biológico sino ideológico. Las tesis que cuestionan esa construcción histórica, según Navarrete, son que el mestizaje no fue un proceso biológico ni cultural, que no se realizó solo entre hombres blancos y mujeres indias, que en México no han convivido únicamente indígenas y españoles y que el mestizaje no comenzó con la conquista, sino en el siglo xix.

Es innegable la construcción de Frida *de* y *desde* una identidad mestiza, algo que no solo está en sus posicionamientos políticos sino en su propia obra. Un claro ejemplo de ello es la pintura de 1936 *Mis abuelos, mis padres y yo*, donde establece su árbol genealógico. La pieza toma su estructura de las pinturas de castas y en ella enlaza, con una cinta roja, a su familia mostrando tres generaciones. En el cuadro podemos observar a una Frida niña con los pies plantados en un jardín como el de la Casa Azul que toma un listón para unir las trayectorias de sus diferentes ancestros, unos que vienen de Europa y flotan en el mar y los mexicanos que están sobre un serrano paisaje. Ahí queda demarcado su mestizaje.

Del lado derecho de la pintura, arriba de su padre Guillermo Kahlo, están sus abuelos Johann Heinrich Jakob Kahlo y Henriette Kaufmann Kahlo. La genealogía paterna de Frida está llena de elucubraciones. Por mucho tiempo se dijo que sus abuelos eran judíos húngaros que emigraron a Alemania para establecerse en Baden-Baden, desde donde su padre emigró a México. Sin embargo, en el libro de 2005 de Gaby Franger y Rainer Huhle se afirma, como ha señalado el investigador Peter Krieger,[18] que el abuelo de Frida nació en 1819 en la ciudad de Fráncfort del Meno y que su hijo Carl Wilhem nació en 1871 en Pforzheim. Según los documentos localizados por estos historiadores, la familia Kahlo fue protestante y no judía. La identificación de su linaje judío húngaro la realizó la propia Kahlo, quien anotó esos datos (de la abuela que era judía y del abuelo que era húngaro) al reverso de sus fotografías y en su diario. Esa fue la información que compartió con sus amigos (por ejemplo, con Alejandro Gómez Arias y Juan O'Gorman), quienes, en entrevistas posteriores a la propia muerte de Kahlo, se referían al padre de esta como migrante judío. Para la historiadora Gannit Ankori la afirmación de que los ancestros de Kahlo eran protestantes es difícil de sostener, ya que el linaje judío se transmite por línea materna y rastrear los archivos de la familia Kaufmann es casi imposible debido a la destrucción de estos materiales durante el régimen nazi.[19]

<hr>

[18] Peter Krieger, «Corrección e inspiración. Reflexiones en torno a una monografía sobre el fotógrafo Guillermo Kahlo».
[19] Gannit Ankori, *op. cit.*, p. 203.

Al lado izquierdo de *Mis abuelos, mis padres y yo*, arriba de su madre Matilde Calderón, están sus abuelos Isabel González y González y Antonio Calderón, de ella se dice que era oaxaqueña, ferviente católica e hija de un coronel español y de él, que era un fotógrafo indígena procedente de Morelia que tuvo un estudio fotográfico en Oaxaca y que, se especula, pudo haber sido quien inició a Guillermo en la fotografía.[20] No hay mucha información sobre los abuelos maternos, lo cual ha jugado un papel central para que algunas voces insistan en la identidad indígena de Kahlo. Ciertamente, ella misma otorgó dicha etnicidad a su abuelo, sin embargo y por la complejidad ideológica del mestizaje habría que entender qué señalaba la categoría «indígena» en Oaxaca en la segunda mitad del siglo XIX, y cuestionarnos si era la identidad cultural con la que se identificó el abuelo o la que ella resignificó.[21] Si bien este es un aspecto en el que habría que profundizar, lo que es interesante y relevante para entender la construcción del proyecto político de Kahlo es la construcción racial que Frida generó y donde ella se identificó como mestiza. El suyo, nos lo deja claro, no era un mestizaje «típico» de México, en el sentido de que su «hibridación» era, además de indígena-española, alemana-judía. Para ella, la importancia de esta construcción no es parte de una política identitaria personal, sino que constituye aquello que permite la invención de un proyecto político, concebido como

---

[20] Hayden Herrera, *op. cit.*, p. 30.

[21] Los análisis de Fe/derico Navarrete sobre el racismo en México muestran cómo se transformó la categoría de *indígena* en México. Siguiendo los censos poblacionales de entre 1808 y 1921, es visible que la población indígena en el país bajó de un sesenta por ciento a un veintinueve por ciento. Según el investigador esto evidencia una transformación cultural e ideológica, donde lo que se transformó fue la categoría de *indígena* y las formas y elementos de identificación y autoreconocimiento. Fe/derico Navarrete, *Los pueblos indígenas de México*.

parte de una misión histórica emancipatoria: la construcción de un pueblo.

Ese pueblo en México se sostuvo en la suposición del mestizaje, que mezclaba un pasado antiguo indígena con un español más moderno, que se renovaba y recargaba en la mezcla. Es interesante también que esta obra de 1936 coincide con las llamadas «leyes raciales de Núremberg», que prohibían el matrimonio y las relaciones sexuales entre diferentes «razas», y por los orígenes germanos de Frida puede ser también un posicionamiento respecto a lo que sucedía en Alemania, que ya mostraba la violencia racial del régimen nacionalsocialista. En todo caso, es claro que en la década de 1930 la pregunta sobre la racialidad era una cuestión que atravesaba la construcción de todos los estados nacionales. Para unos la respuesta estuvo en la pureza racial, y para otros, en el mestizaje. En ambos casos, aunque de formas diversas y con consecuencias muy distintas, se basaban en una imaginación y una jerarquización racial que se sostuvo en acciones concretas y produjo una violencia brutal. En el caso de México, la idea de la «raza cósmica», propuesta por Vasconcelos, suponía una mezcla racial y pronosticaba para algunos la promesa de la justicia social común, aunque también provocó el borramiento de lo singular. Como dice Navarrete:

En nombre de la integridad racial de la nación mestiza, pregonada por la leyenda del mestizaje, los gobiernos mexicanos del siglo xx diseñaron ambiciosas políticas para integrar a los que se negaban a ser parte de la mayoría racial de la nación. El indigenismo fue concebido para convencer a los indígenas de evolucionar y transformarse voluntariamente en mestizos, prometiéndoles una vida mejor como parte de la «mayoría» de la patria.[22]

[22] *Ibidem*, p. 100.

Por supuesto que Kahlo creyó en el mestizaje, pero la exotización de Frida que la identifica (todavía) como la esencia de lo «mexicano», o aún más, que la asimila como indígena (lectura muy común fuera de México) es parte de una violencia que sigue manteniendo las lógicas raciales de la modernidad.

Si bien hay que entender la lógica histórica en la que ella vivió, no se pueden perder de vista las consecuencias que tuvo el proyecto ideológico del mestizaje: el borramiento de los pueblos originarios y su homogenización bajo la categoría primero de «indios» y luego, en la moderna nación, de «indígenas». En este proyecto, de norte a sur de lo que ahora es el país, grupos con cosmogonías, lenguas y formas de organización social y política completamente distintas, fueron identificados bajo una sola etiqueta identitaria. También, en ese proyecto se borraron y eliminaron otras composiciones identitarias y culturales, como las que incluían mezclas con personas negras, asiáticas o árabes. Lo mexicano era ideológicamente la hibridación entre lo español y lo indígena, cualquier otra composición quedaba fuera de la identidad nacional. En ese sentido, la construcción de la propia Kahlo es interesante —más allá de su veracidad—, pues si bien insiste en la hibridación, lo hace asumiendo otros elementos étnicos, como el alemán y el judío. Ello, en su época, imposible olvidarlo, supone posicionarse de manera directa frente al fascismo.

La exotización de Frida Kahlo, de su personaje, pero también de su obra, parte de sacar los elementos expuestos previamente de su contexto de politización y de aislarlos sin pensar en los complejos contextos históricos en los que emergieron. Aunque Frida creyó en el mestizaje como elemento de una promesa de justicia social, nosotras no tenemos que hacerlo y seguir insistiendo en una esencia de lo «mexicano» localizado en ella. Por otro lado, tampoco tenemos que negar su hibridación y seleccionar alguno de sus elementos para afirmar su judaísmo, o su identificación como indígena o alemana, para señalar políticas identitarias completamente problemáticas. En todo caso, me parece, podríamos pensar en la compleja operación que ella realizó.

Vale la pena quizá insistir en que los elementos populares, mesoamericanos, indígenas, étnicos y raciales son parte de una creación que pretendía levantar un programa político en alianza con el arte y la vida, donde cada elemento está incorporándose a un proyecto del que no se pueden tomar solo sus partes y mucho menos tomarlos ahora, sin contexto, para seguir legitimando un discurso nacionalista e identitario que resulta racista.

En ese sentido, lo que me interesa abrir, con ese marco en mente, es la especificidad de la operación política de Frida Kahlo en su obra. La artista retoma imaginarios, fabulaciones, figuraciones y representaciones que son parte de un repertorio estético compartido con Rivera, que ya vimos que son problemáticos, pero su campo de batalla estará en otro lado. No se jugará en el mismo espacio artístico o político que Rivera. La producción pictórica de Frida Kahlo es un trabajo que apunta en otra dirección. No es más la construcción de un tiempo histórico sino la creación de una plástica donde la autorrepresentación (sus autorretratos) crea un espacio liminal (una especie de umbral) para que una serie de bloques de afectos y de intensidades estallen, como veremos más adelante.

Umbrales

Es interesante el lugar que la obra de Frida Kahlo hizo aparecer, un espacio liminal donde lo íntimo tiene consecuencias políticas para el presente. La obra de Frida se distancia de las operaciones propagandísticas y públicas del muralismo de Rivera. Hay un cambio de escala que será sustancial para la historia del arte en México. Ella, en vez de siquiera pretender mantener las dimensiones y demandas estéticas (representación de un pueblo) de los muros públicos, se vuelca en el lienzo, con una historia mucho más íntima y privada, como superficie donde ocurre la pintura.

Más allá de algunas excepciones,[23] la pintura de Kahlo fue hecha en lienzos de tamaño pequeño, quizá porque esas eran las dimensiones en las que podía trabajar, pues nunca habrá que olvidar que se pinta con el cuerpo, y el de ella tenía condicionamientos que son de sobra conocidos. Lo importante de ese cambio de escala es que ella ya no pretende representar la historia

---

[23] La única pintura de tamaño grande, que podría entrar en las lógicas de pintura mural, fue *La mesa perdida* de 1.20 metros de alto por 2.4 metros de largo, pintura que se perdió en 1955 en Polonia.

para hacer política, sino a ella misma. Es ella, en el vuelco de la vida y bajo su propia autorrepresentación, la que transformará las representaciones dominantes y operará políticamente desde otro registro.

Este umbral propio de Kahlo presenta particularidades sorprendentes. Por un lado, se separa de operaciones artísticas de contemporáneas a ella, como María Izquierdo o Aurora Reyes, que impulsaron e insistieron en una carrera local. Si bien Frida se asumía como pintora —actividad que realizaría con diferentes intensidades después del accidente en 1925 en el que el choque del autobús en el que viajaba con Alejandro Gómez Arias la destrozó en mil pedazos— su carrera no fue tan constante como la de otras artistas mujeres de la época en el país. Ciertamente tuvo presencia y éxito en el extranjero (en 1938 participó en una exposición individual en Nueva York y en 1939 en una colectiva curada por André Breton en París, por nombrar algunas) pero, recordemos, su única exposición individual en México fue curada por Lola Álvarez Bravo en 1953, solo un año antes de morir. Aunque para la década de los cuarenta, Kahlo era reconocida local e internacionalmente y tenía cierto mercado, principalmente con sus mecenas y amigos que compraban su obra, no pareciera que sus energías estuvieran reunidas en torno a dedicarse a una carrera artística, sea lo que sea que eso signifique para una mujer en México durante la primera parte del siglo xx.

Por otro lado, Kahlo tampoco tuvo una actividad militante significativa. Si bien era un personaje con gran peso en la escena cultural y pública y tuvo, como su relación con Trotsky apunta, un grado de intervención política concreta importante, ella no parecía querer operar en el campo militante, aunque muchas veces, sobre todo al final de su vida, fue contundente sobre su ser comunista, su admiración por Stalin y su deseo de pertenecer al Partido

Comunista[24] (cosa que no sucedió, pues Rivera había sido expulsado del partido en 1929, acusado de traición por aceptar la comisión de Rockefeller, y solo fue readmitido en el partido tras la muerte de ella, cuando en su velorio colocó sobre su ataúd una bandera comunista). Pero, más allá de Rivera, no eran tiempos fáciles para militar como mujer.

A finales de los años veinte y principios de los treinta la participación de mujeres en el Partido Comunista Mexicano era significativa, pero era claro que la primacía de la agenda estaba en la lucha de las condiciones de clase y de producción, y que las luchas sufragistas —el voto de las mujeres solo fue aprobado en México hasta octubre de 1953— y de derechos de las mujeres serían relegadas. Ello generaba molestia y decepción en muchas de las colaboradoras, lo que las llevó a abrir esas agendas en otros frentes, como los culturales y los artísticos. Aun así, artistas como Tina Modotti, Aurora Reyes o Concha Michel —las tres amigas muy cercanas de Frida— tuvieron una participación en el campo político, además del artístico, con las distancias al Partido Comunista o con las subordinaciones que cada una de ellas fue necesitando o soportando. No fue este el caso de Kahlo.

Ella tomó otro rumbo, quizá porque esas fueron las posibilidades que tuvo a la mano. Si bien hoy todavía está pendiente explicar en qué sentido se entiende la dimensión política de su obra y

---

[24] En uno de sus diarios, Frida anota cómo desde hace veinticinco años ella es «un ser yo comunista», ahí explica que nunca fue trotskista, pero en los años cuarenta fue aliada, por la importancia que esa alianza tuvo para Rivera. En 1953, ella sitúa que ya puede ayudar al Partido Comunista como «artesana» y aliada incondicional del movimiento revolucionario comunista, ya que por primera vez en su vida su pintura trata de apoyar las líneas trazadas por el Realismo Revolucionario. Posteriormente, en ese mismo diario escribe ante la muerte de José Stalin: «El mundo, México, Todo el universo perdió el equilibrio con la falta (la ida) de Stalin». Frida Kahlo, *El diario de Frida Kahlo. Una nueva mirada,* pp. 212-213.

es lo que trataré de hacer en este texto, en los años treinta y cuarenta, bajo la sombra del muralismo, sería improbable pensar que durante su vida su obra pudiera entenderse como política. Era la mujer de Rivera, que, aunque tenía talento para algunos de los críticos de la época, carecía de estudios formales y su pintura era considerada como intuitiva, sentimental y primitiva. Calificativos que más que describir la obra nos hablan de la epistemología de su tiempo. A pesar de esas lecturas, algunos contemporáneos —además del propio Rivera, que siempre valoró y recalcó su importancia como artista— lograron ver la radicalidad de su obra. Artistas como Vasili Kandinsky, Marcel Duchamp, Pablo Picasso y André Breton señalaron la relevancia de su pintura. Este último categóricamente anunció, como ya hemos señalado, «el arte de Frida Kahlo es una cinta alrededor de una bomba». Quizá por eso, solo se pudo leer en el futuro, una vez que la bomba estalló.

Esta condición de estar «fuera de tiempo» no es una posición mística ni privilegiada de Kahlo, es la situación de muchas mujeres que viven en un tiempo que no les permite todavía ser lo que son. En el campo del arte esta condición intempestiva ha sido insoportablemente constante. Se dice que la artista sueca Hilma af Klint invitó en 1908 a Rudolf Steiner a ver su obra en su estudio en Estocolmo para que le ayudará a interpretar el sentido espiritista de sus pinturas. El filósofo, al parecer, se negó a ayudarle y, tras ver su pintura, solo pudo predecir que su trabajo no sería entendido por otros cincuenta años. Como expone la artista Lise Heller en su libro *Mothernism*: «Un hombre entra a tu estudio. Mira a su alrededor. No lo entiende. Afirma: "no lo entiendo". Sostiene: "Si yo no lo entiendo, nadie lo entenderá". Se va. ¿Cuántas veces ha pasado eso en la historia del arte?».[25]

---

[25] Lise Haller Baggesen, *Mothernism*, p. 108. La traducción es mía.

En el campo del arte, la obra (y sobre todo aquella hecha por mujeres) algunas veces depende de otras condiciones de sensibilidad y producción que las del sistema dominante, por ello en muchos casos, además de la obra, se tiene que hacer un tremendo trabajo para ir estableciendo las propias condiciones de su aparición, en el sentido estético que mencionamos antes. Son estas obras las que van conformando las condiciones de futurabilidad, es decir, la multiplicidad de futuros posibles de un devenir otro que ya está inscrito en el presente,[26] para un régimen del arte por venir. No debería de sorprendernos, por lo tanto, que muchas de ellas solo llegan a ser comprendidas y valoradas en un futuro, cuando las condiciones de aparición se han transformado, gracias a su propio trabajo que las dejó fuera de tiempo.[27]

[26] El concepto de «futurible» conjuga la palabra *futuro* con la de *posible*. Con ello rompe la idea de una determinación temporal lineal. El futuro es posible y no determinado. Este es un concepto viejo que ha tomado de nuevo cierta vigencia en el discurso filosófico. El pensador italiano Franco Berardi Bifo ha desarrollado una serie de planteamientos sobre este concepto como forma de buscar otro tipo de tiempo, que no determine nuestra experiencia sensible y sea quizá más propicio para la emancipación.

[27] «No hay arte, evidentemente, sin un régimen de percepción y de pensamiento que permita distinguir sus formas como formas comunes. Un régimen de identificación del arte es el que pone determinadas prácticas en relación con formas de visibilidad y modos de inteligibilidad específicos». Jacques Rancière, *Sobre políticas estéticas*, p. 22.

Autorretratos

Aún ahora, la obra de Kahlo tiende a leerse como una presentación obsesiva de sí misma, de su vida, de sus sentimientos, de su sufrimiento. Sin embargo, lo que hace tiene dimensiones mucho más complejas. A inicios de los años treinta, Frida declaró en una entrevista con el historiador del arte Parker Lesley que quería hacer autorretratos de cada año de su vida. El cuerpo central de su obra, sus autorretratos, aparecen entonces como un proyecto de investigación que va más allá de presentarse a sí misma, por obsesión o vanidad. Es quizá, como apunta Gannit Ankori (una de las autoras más relevantes en una lectura crítica y contemporánea de Kahlo), la creación de una vida a través de diferentes «yo». «Yo-es» que son ella, pero también son otra cosa. Unos yo, que si bien tienen puntos fijos también son fluidos, mutables, contradictorios y ambiguos.

Los autorretratos son un dispositivo extraño, son sin duda una manera de representarse a sí misma, pero esa presentación hace cosas muy diversas a lo largo de la historia. Frances Borzello argumenta que el autorretrato podría ser considerado, debido a su importancia en la historia del arte, como un género en sí mismo. Y que, en específico, el autorretrato de mujeres presenta, por las condiciones históricas de la representación de estas, un espacio vital para el trabajo artístico y el empoderamiento de las artistas.

El autorretrato de mujeres no está exento de prejuicios que intentan relacionar esta afinidad con la personificación del vicio de la vanidad, sin contemplar las diferentes operaciones a las que ha servido. Desde el desarrollo de técnicas y habilidades a la necesidad de hacerse aparecer ya fuera como regalo personal o como un acto público, el autorretrato ha sido un espacio sustancial en el arte —por no abrirnos al campo de la cultura visual en general que estalla con la fotografía y se hace viral en la era de los medios digitales—, no solo para ser vistas sino para presentar cómo nos vemos y sentimos. Para producirnos a nosotras mismas. Un doble que no solo supone una interioridad externalizada, sino que puede ser también la presentación de condicionamientos históricos, de rupturas y de deseos.

Si bien el autorretrato de mujeres tiene una larga historia, que comienza desde siglo XIII, en el siglo XX se transformó en una herramienta sustancial para una exploración social y para una crítica política donde emergieron ambigüedades, tensiones y posibles futuros de la representación de las mujeres desde nuevas subjetividades y subjetivaciones, que retaban las organizaciones del mandato capitalista y patriarcal sostenidas, dentro del arte, en la pintura principalmente. Ahí intervienen la operación e investigación de Kahlo donde exterioriza a la vez que proyecta. Es una denuncia a la vez que una demanda.

En el análisis de la historia del autorretrato femenino, Borzello afirma sobre Kahlo: «Ningún artista hombre o mujer ha producido un cuerpo de trabajo autobiográfico que pueda igualar su originalidad».[28] De nuevo el acento lo pone en la autobiografía

---

[28] Frances Borzello, *Seeing Ourselves. Women's Self-Portraits*, p. 161.

para referir a la originalidad de su producción. En lo personal, me parece que la radicalidad aquí no solo está en la referencia autobiográfica, sino en cómo plasma la vida, en el poder de re-crear su vida —pasada, futura, por venir y en devenir— en estas presentaciones. En reinventarse desde ellas.

Lo que hacen sus pinturas, más allá de establecer una autobiografía, es abrir la autorrepresentación a la compleja construcción social e histórica de ser mujer. De ser mujer en el México de principios de siglo xx, de querer participar de un sujeto político emergente, de estar bajo los mandatos de género y románticos de la época —que un poco han cambiado, pero no tanto—. Esos autorretratos permiten ser lo que todavía no se es, pero que al presentarlo está ya, de alguna manera, siendo. Sobre ellos, uno de los comentarios que mejor nos permiten entender la complejidad de sus autorretratos, es el de Rivera, quien comenta en un artículo de 1943:

> Los autorretratos producidos a intervalos nunca son idénticos; aunque cada vez se parezcan más a Frida, son propensos a cambios y perdurables al mismo tiempo, como una dialéctica universal. Un monumental realismo ilumina la obra de Frida. También se oculta cierto materialismo en el corazón extraído, la sangre que fluye sobre mesas, las tinas de baño, las plantas, las flores y las arterias cerradas por las tenazas hemostáticas de la pintora. [...] El arte de Frida es individual y colectivo. Su realismo es tan monumental que tiene X dimensiones. Como consecuencia, pinta al mismo tiempo el exterior y el interior de ella misma y del mundo.[29]

[29] Diego Rivera, «Frida Kahlo y el arte mexicano», p. 101.

En este sentido, para pensar en la obra de Frida, me gustaría explorar una serie de autorretratos. Kahlo pintó alrededor de doscientas obras. De ellas 55 son autorretratos: treinta de ella sola, siete con Diego, siete con otras personas, catorce con animales, una ella como animal.[30] Yo solo me voy a detener en ocho: *Mi nacimiento* (1932), *Henry Ford Hospital* (1932), *Lo que el agua me dio* (1939), *Autorretrato con el pelo cortado* (1940), *La columna rota* (1945), *Raíces* (1943), *El venado herido* (1946) y *Viva la vida* (1954). No es que estas sean las obras más interesantes, ni sus mejores pinturas. Son las que me permiten desanudar algunas operaciones que hace la obra de Kahlo y mostrar qué es lo que abre su trabajo en mi presente, lo que su estallido me hace pensar.

[30] Button Books Team, *Great Lives in Graphics: Frida Kahlo*.

III

Mi nacimiento.
Cayendo por siempre,
haciéndote pedazos

Kahlo comenzó a pintar tras el accidente que la dejó en cama durante meses y con dolorosas secuelas por el resto de su vida. Como ella afirmó: «Sin prestar mucha atención, empecé a pintar».[31] Su padre, quien realizó un tipo de fotografía analítica de los proyectos arquitectónicos del periodo porfirista, después de su trabajo de «documentalista», abrió un estudio para tomar retratos. Entre su material fotográfico, se tiene registro de una serie de autorretratos, parece que de índole personal. Esta cercanía con la imagen, y en específico la presencia del retrato y autorretrato como género, le habría llegado a Kahlo desde casa. La propia Frida durante un tiempo ayudó a su padre trabajando en el estudio. Con esos conocimientos y herramientas a la mano, Frida Kahlo, desde la cama y en convalecencia, empezó a pintar y a pintarse a ella misma.

Una de sus primeras pinturas fue *Autorretrato con traje en terciopelo* (1926), un retrato que recuerda a la obra del pintor italiano Amedeo Modigliani quien pintaba figuras alargadas y melancólicas, donde aparece ella presentada de medio cuerpo

[31] Citado en Hayden Herrera, *op. cit.*, p. 89.

mirando de tres cuartos con un vestido de terciopelo rojo. Aparece delgada, seria, sobria. Su mano derecha toca sutilmente las costillas por debajo de su pecho. El fondo azul son olas de mar. Es un cuadro estilizado y convencional donde se presenta bella, ya con los rasgos que la van a caracterizar, aunque aquí con las facciones más estilizadas: la boca pequeña, los ojos almendrados y sus cejas pobladas que al centro parecieran encontrarse. Y, con el deseo de darse a sí misma para ser vista, para no ser olvidada, según dice en sus cartas y en la nota que le dio a su entonces novio Alejandro Gómez Arias cuando le regaló el cuadro.[32]

Si bien la insistencia del autorretrato se mantendrá a lo largo de su carrera, su estilo se transformará radicalmente. No solo en los elementos que la acompañarán y le darán forma, sino también en relación con sus motivos y estructuras pictóricas. En este último sentido, su referente ya no será la pintura de caballete europea sino los exvotos, pinturas populares en México de carácter religioso, que se ofrecen al cumplirse o recibirse un favor. De acuerdo con la historiadora Clara Bargellini,[33] la práctica de depositar estas piezas en los recintos religiosos se extendió por Europa y llegó a la Nueva España. Para el siglo XIX se mantuvo la realización de estos retablos y para el XX comenzaron a llamar la atención de artistas y coleccionistas por ser expresiones artísticas populares inscritas fuera de la academia y de las técnicas dominantes. Son, todavía, generalmente realizados en óleo sobre lámina o madera, y sus imágenes son simples, casi siempre a una escala pequeña y lo que hacen es relatar una historia. Lo relevante de esta forma pictórica está en su comunicabilidad. La imagen, con mayor o menor expresividad, busca contar un relato, hacer presente una escena y transmitirla con facilidad.

[32] Frida Kahlo, *Escrituras*, p. 55.
[33] Clara Bargellini, *Testimonios de fe: colección de Exvotos del Museo Amparo.*

Este tipo de pintura se relaciona con una historia de las visualidades que tiene reverberaciones todavía hoy en el arte contemporáneo local. Aún podemos ver sus ecos en la pintura de artistas como Francis Alÿs, quien retoma de los rotulistas este tipo de recorte estético para crear un universo pictórico y transita en los arquetipos de la imagen popular que ha servido para la representación de la vida cotidiana. Desde ahí, la pintura de Alÿs se asoma para presentar escenas urbanas, de guerra, de juegos de niños, con una sutileza, delicadeza y, a la vez, una inmensa fuerza, que recuerdan la obra de la artista mexicana.

Kahlo, que coleccionaba exvotos (todavía se pueden ver muchos de ellos expuestos en el Museo Frida Kahlo), los retoma de manera secular para narrar escenas. De ellos imita la sencillez y también lo diminuto de los trazos, así como las dinámicas espaciales para generar perspectivas, que podríamos calificar como bastante simples. Respecto a su estructura narrativa, de ellos retoma las escenificaciones, ya no como reconocimiento a un favor divino, sino como recuentos de situaciones que marcan eventos cruciales en la vida. Como plantea la historiadora Teresa del Conde: «En Frida no hay milagro y, por lo tanto, tampoco la acción de gracias, que constituye la razón de ser del exvoto. Lo que hay es un mensaje que proviene de experiencias psíquicas y físicas transpuestas en símbolos bastante claros».[34] Por ello, se podría decir que en Kahlo los exvotos no suponen la escena de un milagro sino más bien un testimonio, una denuncia que busca transmitir una experiencia.

Una de las pinturas más representativas de este tipo de trabajo es *Mi nacimiento*, autorretrato complejo pues se construye como escena de distanciamiento de ella misma siendo parida. Si bien en

---

[34] Teresa del Conde, «Lo popular en la pintura de Frida Kahlo».

la historia del arte ya había habido autorretratos de mujeres embarazadas a finales del siglo xix y principios del xx, como los realizados en Alemania por Paula Modersohn-Becker y Käthe Kollwitz, este trabajo de Kahlo marca una ruptura en la representación de la maternidad. Dentro del género de autorretrato en la historia del arte de Occidente, es una de las primeras pinturas frontales de un parto hecha por una mujer. La primera quizá sea *El nacimiento* de la artista alemana Hannah Höch de 1924. En ella, la artista dadaísta presenta un nacimiento vaginal, en el momento en que la madre está pariendo a un bebé, todavía conectado a ella por el cordón umbilical. En la escena hay además una enfermera o partera que le asiste en un espacio que parece clínico. De un expresionismo cálido, el cuadro presenta, en acuarela y en una paleta de colores entre azul y naranja, una escena acogedora.

Mi nacimiento de Kahlo de 1932 se abre a otra cosa, es un autorretrato de un nacimiento, de su propio nacimiento. De ella al nacer. En la pintura se recurre a la simpleza narrativa del exvoto para mostrar un momento donde algo se torció o modificó por completo el cauce de la vida. Esta pintura se ofrece ya no como regalo divino, sino quizá como testimonio para ella misma y nosotras, sus espectadoras. La obra muestra a una mujer en una cama pariendo vaginalmente, el bebé naciente tiene la cabeza fuera de la madre y el resto del cuerpo todavía adentro de ella. Una tela blanca cubre el rostro de la madre y entre sus piernas, levantadas como si estuviera todavía en trabajo de parto, sale un bebé con los rasgos faciales de Frida. La imagen está coronada por una Virgen, cuya mirada sufriente parece anticipar el duelo de esta escena de natividad. Esta pintura de una crudeza inigualable marca, por un lado, la posibilidad de hablar de la experiencia del parto sin pudor ni romantización, y por el otro, enlaza la vida y la muerte desde el nacimiento.

Me interesa subrayar esto último. Uno de los grades tabús que, sin embargo, todas las que hemos sido madres sabemos, es la estrecha relación que se establece entre la vida y la muerte en el alumbramiento. En el autorretrato de Kahlo, la tela sobre el rostro de la madre nos da a entender que está muerta. La madre muere y ella está naciendo. Se ha interpretado que esta referencia a la madre muerta tiene que ver con que al tiempo que Frida pintaba este cuadro en Detroit y tenía su segundo aborto, su madre —con la que tuvo una relación cercana, doméstica y cariñosa según se puede leer en su correspondencia,[35] aunque mucho se ha insistido en algunas interpretaciones que fue tormentosa y distante— había muerto. Más allá de lo biográfico, lo que la pieza hace de modo contundente es hilar y anudar estos dos conceptos —vida y muerte— desde el nacimiento.

En 2015 la escritora norteamericana Maggie Nelson publicó *Los argonautas*, un texto que reinventa la idea de la autobiografía para acercarse a una *autoteoría*, o algo como un pensamiento y escritura que *revienta* la vida y la *reinventa* en otra narración. En este libro, se renuncia a la biografía al uso, en el sentido del género de la «memoria» que pretende fijar la vida de una persona para darle un sentido y significado. La escritura de Nelson es más bien el ejercicio de poner la vida misma en especulación, dudar de la autoconciencia para volcarse en un pensamiento que sospecha de sí mismo. En esta escritura se trata de romper cualquier interioridad, poner todo a la vista, lo más íntimo, lo más doloroso, lo más secreto. Ventilar aquello que se ha designado como «privado» para abrir, diseccionar y cuestionar las formas que nos constituyen subjetivamente y que no son simplemente personales, sino que son tramas históricas, comunes.

---

[35] Frida Kahlo, *Tu hija Frida. Cartas a mamá.*

Con tanto a la vista, ya sin pudor, ni siquiera hay necesidad de temer a la sobreexposición. Quizá por ello la obra de Nelson me recuerda a la de Kahlo, parten de una intimidad que parece ubicarse en lo autobiográfico, pero llevan esa construcción a un límite, en el que se produce otra cosa. En la obra de ambas no hay solo una memoria, sino otro tipo de registro de la vida, en el que no solo se revelan ellas, sino que nos cuestionan a nosotras también. Tal vez por ello resulte si no pertinente al menos posible pensarlas juntas, una contigua a la otra, provocándose y recargándose.

Los argonautas es un ensayo que mezcla vivencias con citas y referencias teóricas. Un experimentar con el pensamiento en una escritura que intenta nombrar el deseo, el amor, en las limitaciones y posibilidades del lenguaje. El texto está dirigido a Harry, su pareja. Su lectura nos hace partícipes y testigos de su relación. En esta condición voyerista nos volvemos parte de un recorrido donde se revisan su relación, las intensidades y los diferentes momentos de su amor. Una parte sustancial del libro es el embarazo y la gestación de Maggie, así como el nacimiento de su hijo, que describe como un transitar de las identidades, de los géneros, de las sexualidades. Por un lado, como ella misma se pregunta, «¿Hay algo inherentemente *queer* en el embarazo mismo, en tanto que modifica tu estado "normal" y ocasiona una intimidad radical —así como alienación radical— con tu propio cuerpo?».[36] En el embarazo nuestro cuerpo se transforma, se vuelve *queer* porque de pronto tienes dentro tuyo un cuerpo otro, que puede ser de tu mismo género o no. Por un par de meses, al menos, tienes dos cabezas, cuatro pies, cuatro ojos, dos corazones. En su caso, significaba además tener una vagina y un pene (de su hijo) en el mismo cuerpo. Por otro lado, al tiempo que Maggie se embaraza,

---

[36] Maggie Nelson, *Los argonautas*, p. 24.

Harry se somete a un tratamiento de testosterona y a una mastectomía subcutánea para la extirpación del tejido mamario, con el fin de completar una transición de género que llevaba mucho tiempo gestándose. El testimonio es también un atravesar la maternidad: hacerse madre, deshacerse en la madre.

Nelson relata su experiencia de la maternidad en una oscuridad que pocas veces se elabora desde la primera persona en la escritura teórica. Ella se sitúa y nos invita al momento de desgarro que supone descubrir que la maternidad es saber que estás «cayendo por siempre, cayéndote a pedazos».[37] La descripción de esa herida es lo que veo en el cuadro de Kahlo, ese derrumbe, esa desintegración, donde la vida y la muerte se enredan:

> Si todo sale bien, el bebé va a salir vivo, lo mismo que tú. No obstante, habrás rozado la muerte en el camino. Habrás comprendido que la muerte te llegará también a ti, sin falta y sin piedad. Te llegará aun si no crees que te llegará, y te llegará a su manera. No existió jamás ningún humano al que no le haya llegado. «Supongo que solo estoy esperando a morirme», dijo tu madre, divertida e incrédula, la última vez que la vimos, con su piel tan fina en la cama prestada.[38]

Como nos dice Nelson, más allá del dolor del parto, de ese partirse en añicos, el momento de «alumbrar» se conecta con haber tocado a la muerte. En la rotura de los tejidos, en el sangrar, en el cuerpo llegando a un límite que una no sabe si podrá cruzar. Si lo cruzas —muchas lo hacemos, pero otras tantas, tantísimas en la historia, han muerto al parir—, la vida se conforma en una extraña amalgama, en la que has dado vida habiendo sido tocada, quizá

[37] *Ibidem,* p. 163.
[38] *Ibidem,* p. 200.

solo rozada o altamente lastimada, por la muerte. Es por ello una caída, en la que nunca dejas ya de caer.

Es interesante que en su descripción de ese parir siendo tocadas por la muerte Nelson conecta con la muerte de la madre de Harry. El cuadro de Kahlo es brutal en ese sentido, logra en una imagen figurar ese momento. La vida siendo tocada por la muerte, la muerte siendo tocada por la vida.

Hacer a la madre

Mi nacimiento es un autorretrato, una representación primera de ella misma, pero es también, me parece, un hacer a su madre. Hacer ese lazo primario que se establece al nacer y que solo terminará con la muerte de una o de otra. Porque cuando uno se vuelve madre aparece el hecho terrible de que, a menos que algo extraordinario ocurra, la hija verá a la madre morir, o la madre verá a la hija morir, y de ello, no hay escapatoria. Sin embargo, lo que es contundente y esta obra muestra, es que el vínculo nunca termina y que uno tiene que hacer a la madre o a la hija, una y otra y otra vez para poder seguir viviendo en su falta, pero en ese vínculo primordial.

En 2020 Harry Dodge publicó su respuesta al libro de Nelson. *My Meteorite or, Without The Random There Can Be No New Thing* es su propia narración, que aunque habla de su pareja no se dirige a ella, y reflexiona más bien sobre la vida y la muerte, sobre lo que las conecta y las cruza, sobre lo que va más allá de ellas. Es un texto sobre meteoritos, y su obsesión con ellos. Es la descripción del suyo, que se encuentra en una vitrina en su casa en Los Ángeles, comprado en *eBay* sin saber a ciencia cierta si realmente es un meteorito que cayó del cielo o simplemente una piedra terrestre. Para Dodge, este objeto inerte pero colmado de materia es lo que permanece sobre el paso de estas experiencias, como una constante en una serie de circunstancias y coincidencias que dan sentido a lo improbable. Dodge escribe sobre la muerte de su madre, mezclando el relato con el reencuentro y diferentes ausencias de su madre «biológica», y la muerte de su padre, y sobre sus hijos, Maggie y su propia obra. Sobre el preciso momento de la muerte de su madre, dice:

> Sus ojos miraban algo en otro lugar. Su boca necesitaba menos aire, con menos frecuencia y su barbilla se movía más lentamente. Nunca quise que terminara. Nunca he querido que el infinito se abriera en un instante como lo quise entonces. Y luego sus ojos se relajaron y sus hombros se relajaron en bloque. Y supe que ella había encontrado su camino; atrevido. Reunió su inteligencia y coraje y se abrió camino a golpes. Estaba realmente asombrado. Orgulloso de ella. Miré el reloj, eran las 2:16.[39]

Mi nacimiento de Kahlo es una obra sobre la vida tocada por la muerte, esa liga entre nacer y morir. Es nuestro nacer y nuestro empezar a morir. Pero la obra también es sobre la madre, sobre su muerte, sobre nuestra vida con ella, sobre nuestra vida sin ella, sobre lo que se pierde, sobre lo que falta. Sobre cómo hacemos a nuestras madres.

La obra de Dodge es estremecedora porque va saltando en esas narraciones casi aleatorias en el tiempo entre las diferentes madres, la suya (adoptiva), la otra suya (biológica), él siendo madre de sus hijos, también de su padre que va perdiendo la conciencia en una

---

[39] Harry Dodge, *My Meteorite or, Without The Random There Can Be No New Thing*, pp. 41-42. La traducción es mía.

brutal demencia, quizá también de Maggie como madre. Como evoca el poeta Ocean Vuong: «*Time is a Mother*», el tiempo es una madre, es la madre, es la madre que nos pare, que nos da vida, que nos expulsa, que nos agarra y que nos suelta.

Vuong, que también le escribe a su madre (¿no será que todas le estaremos escribiendo a la madre, esa que estuvo, la que se fue, la que fuimos, la que no pudimos ser?), sabe que ella no podrá leer lo que le escribe porque no lee inglés, aunque lleven años viviendo en Estados Unidos, país al que llegaron de Vietnam tras un periodo en un campo de refugiados en Filipinas, pero aun así le escribe, para contarla, para aparecerla. Para amarla y también para perdonarla.

Esa escritura también abre lo personal a un descuartizarse público para poder desde ese decir elaborarse a sí mismo y a su madre. Vuong relata que fue criado por su madre y su abuela. Su abuela, que vivía en lo que fue Saigón, se casó con un soldado norteamericano que volvió a su país durante la toma de la ciudad por parte del Frente de Liberación de Vietnam y las Fuerzas Armadas de la República Democrática de Vietnam, y ya no pudo volver. Su madre y su abuela se quedaron en Vietnam, y solo pudieron emigrar a Estados Unidos cuando Vuong cumplió dos años, tras pasar un tiempo en un campo de refugiados. Su padre, quien le pegaba a su madre (quien, por su parte, le pegaba a Vuong), también los abandonó.

La abuela vivía con esquizofrenia y la madre no hablaba la lengua del lugar en el que vivían. Ella trabajaba haciendo uñas y, según el autor, la vida transcurría entre su inmensa ternura y su brutal violencia. Esta vida familiar sucedió en Hartford, Connecticut, entre campos de maíz, pobreza y una brutal crisis de opioides, donde muchos de los amigos de Vuong o morían de sobredosis o se suicidaban. En su novela *En la tierra somos fugazmente grandiosos* dice:

La vez que, mientras cortabas las judías verdes de una cesta en el fregadero, dijiste de pronto, sin venir a cuento:

—No soy un monstruo. Soy una madre.

¿Qué queremos decir cuando decimos «superviviente»? Un superviviente es quizá el último que llega a casa, la monarca final que se posa en una rama ya cargada de fantasmas.

La mañana nos cayó encima.

Dejé el libro. Las puntas de las judías verdes seguían partiéndose. Caían con golpes secos, como dedos sobre el acero del fregadero.

—No eres un monstruo —dije.

Pero mentía.

—Lo que de verdad quería decir era que un monstruo no es algo tan terrible. Viene de la raíz latina *monstrum*, mensajero divino de la catástrofe, luego fue adaptado por el francés antiguo para referirse a un animal de una miríada de orígenes: centauro, grifo, sátiro. Ser un monstruo es ser una señal híbrida, un faro: a un tiempo refugio y advertencia.[40]

Ser madre es ser ese monstruo, ese híbrido que es amor y también furia. Que no se expresa solo en los opuestos binarios, «buena» *contra* «mala», sino en los cruces, en los *entres*, en los *a veces*. Es ahí donde pasa la vida, y donde emerge, y donde Vuong nos regala una inmensa compasión. Esa compasión necesaria para crear a nuestras madres; esa que probablemente necesitarán nuestras hijas también para perdonarnos. Vuong, en este libro, nos comparte la posibilidad de entender que cada golpe que le daba era la propia incapacidad de su madre, su miedo, su manera, cruel pero la única que tenía a la mano, para prepáralo para la guerra.

[40] Ocean Vuong, *En la tierra somos fugazmente grandiosos*, pp. 8-9.

El escritor vietnamita-americano logra en esa migración dolorosa dominar la lengua que su madre nunca supo hablar. Es la poesía de este la que logra, en un país donde todavía dominan la palabra y la escritura blanca y masculina, comprarle una casa a su madre. En su serie de poemas reunidos en el libro *Time is a Mother*, Vuong enfrenta la muerte de su madre, el desgarramiento de la pérdida y, en su caso, también la orfandad. En su obra, la palabra se abre como insistencia en la vida, en la alegría, en convocar esa fuerza necesaria para no morirse con los muertos. Para hacer a su madre, para ser sin ella. Es la caída y el levantamiento, el decidir seguir viviendo:

¿Sabes cuántas horas he desperdiciado viendo a chicos hetero jugar
    videojuegos?
Suficientes.
El tiempo es madre.
No vayamos a olvidar que la morgue también es un centro comu-
    nitario.
En mi idioma, el que recuerdo ahora solo al cerrar los ojos, la pala-
    bra para «amor» es Yêu.
Y la palabra «debilidad» es *Y'êu.*
Cómo dices lo que quieres decir cambia lo que dices.
Algunos le llaman a esto rezar, yo le llamo cuida tus palabras.
Rose, susurré mientras cerraban la bolsa sobre el cuerpo de mi madre,
    sal de allí.
Tus plantas se están muriendo.
Suficiente. Ya basta.
El tiempo es una pinche madre, le dije a las lápidas, vivo, ab-
    surdo.
Cuerpo, umbral que eres, no seas solo algo que atravieso
La quietud. Eso era.

El hombre en el campo con el suéter rojo estaba tan quieto que se
volvió, de algún modo, más cierto, como una herida de navaja
en la pintura de un paisaje.
Como él, yo cedí.
Cedí y decidí que a partir de ahora sería la felicidad. Entonces todo
se abrió.
Las luces brillaron a mi alrededor hacia un clima blanco
y yo ascendí, húmedo y ensangrentado, fuera de mi madre y hacia
el mundo, gritando
y suficiente.[41]

Como evoca *Mi nacimiento* de Frida Kahlo todas tenemos la experiencia de estar en la madre y estar fuera de ella. Todas tenemos que lidiar necesariamente con este estar arrojadas. Estar en el mundo, con su cuidado y sin él. En algún momento las madres dejan, dejamos, de cuidar. Dejamos de maternar porque nos cansamos, porque nos abandonamos, porque morimos, porque el deseo cambia de consistencia, porque envejecemos, porque nos enfermamos, porque necesitamos cuidado también.

El pequeño cuadro de *Mi nacimiento*, óleo sobre metal de tan solo 30.5 cm por 35 cm, es una escena para conjurar, en ese exorcismo secular que se apropia y transforma los exvotos, a la madre, y, por tanto, a la vida y la muerte. El cuadro de Frida es importante porque es ella haciendo a su madre, haciéndose a sí misma en su ambigüedad, imposibilidad, fragmentación y caída de su propia maternidad.

Me gusta imaginar que con *Mi nacimiento* Frida Kahlo hace un conjuro, como en la novela *Your Love Is Not Good*, de Johanna Hedva, en la que el personaje principal, después de un infortunio

---

[41] Ocean Vuong, *El tiempo es la madre,* pp. 85-89.

donde cae en desgracia, puede decir: «Y entonces perdoné a mi madre todo».[42] Le perdonó el abandono, el mal querer, la falta, la expulsión. En esta novela, Hedva retrata a un artiste coreano-americano que termina haciendo una pintura superficial y exitosa para obtener el amor de una musa de belleza arquetípica blanca; mientras reflexiona sobre su caída, se le reaparece la falta de su propia madre, artista también, a la que no ha visto, más que en alucinaciones, en años.

En el último trance le dice a su amiga: «No sé si mi madre está muerta. Quiero decir, lo está. Nunca la vi morir, pero lo vi pasar toda mi vida. Su muerte era mi vida. Ella me amaba más que a cualquier otra cosa. ¡Yo era su vida!».

A lo que la amiga responde: «A las madres es duro amarlas, querida, es verdad».[43]

La obra de Kahlo elabora a su madre, la hace. Quizá, la repara. La vuelve a unir a ella en su nacimiento y hace un lugar, su propia vida, para ambas. Yo, que no he podido hacer a la mía, no ceso de preguntarme: ¿cómo repara una a su madre? Por ello pienso también en la operación de otra artista: Ana Gallardo. Ella lleva varios años trabajando en restaurar el perfil de su madre. En el primer ejercicio para lograrlo *Estudio I para la restauración de un perfil* lee cartas de amor de su madre —Carmina— a su padre —José Carlos—. La imagen en el video es en blanco y negro. La cámara se mueve rápidamente por una casa colonial en el Centro de la Ciudad de México; recorre sus espacios, rincones, escaleras, pinturas, techos y objetos, mientras Ana lee las cartas en voz alta mirando hacia la pared o acostada en el piso.

---

[42] Johanna Hedva, *Your Love Is Not Good*, p. 324. La traducción es mía.
[43] *Ibidem*, p. 322.

Carmina quería ser pintora y le escribe a José Carlos, que es poeta, de sus intentos y frustraciones tratando de lograrlo. Ella está en Santander y él en Granada. Ana no cuenta la historia entre ellos; solo lee algunas cartas de Carmina del año 1956 y son desgarradoras. En ellas Carmina dice cosas brutales, como: «Espero poder convertirme en la mujer que crees que soy». En las misivas se estructura en el deseo de ser amada por él, y donde la expectativa de cumplir ese amor —estar finalmente juntos— traerá la ansiada y esperada felicidad. Sin embargo, en las cartas también aparece otra cosa, su deseo por pintar. Ser pintora no estuvo a su alcance, lo que Carmina, en cambio, tuvo a la mano fue ser madre y migrar con José Carlos a Argentina. Ahí murió al poco tiempo, dejando a dos niñas pequeñas, Ana, una de ellas, y sin nunca ser reconocida como artista.

Gallardo después de ese ensayo ha seguido insistiendo, porque no se repara de una vez y para siempre, sino hay que hacerlo una y otra vez. Por ello, ha desplegado una serie de obras en relación con la reparación del perfil de Carmina centrados en algunos lienzos que encontró de su madre. Su trabajo consistió en repetir, copiar, re-crear en diferentes escalas y formatos la obra de Carmina. En diálogo con un restaurador, Ana limpió los óleos de su madre con su propia saliva. Repitiendo sus trazos con un isopo empapado de baba, Ana aprehendió algo de su madre y redibujó, con carbón y en tamaño monumental algunas de las pinturas de su madre.

En sus diversas instalaciones en museos y espacios donde se han mostrado los dibujos de Ana, que es artista por el derecho que le dan cuarenta años de práctica, se colocan junto con las pinturas de Carmina. También se muestran unas recreaciones de las vasijas y jarrones que aparecen en las pinturas y en los dibujos. Estas piezas, que le dan otra dimensión a la obra, están hechas por

Rocío, hija de Ana, nieta de Carmina. La restauración, en esta obra es un trabajo, es un reparar, un resarcir que no pretende justicia, sino crear un lugar fuera de tiempo para coexistir. Es el trabajo de hacer lugar para su madre.

Hablando con Ana hace poco, me contó que vio un documental sobre Frida en un avión y que no paró de llorar. Que pensó en su madre, serían más o menos de la misma generación y tendrían más o menos la misma edad cuando murieron. Ambas pintaban y quisieron ser artistas, una lo pudo ser, la otra no. Las dos amaron desenfrenada y dolorosamente a sus parejas, artistas también. Ambas, pensaba Ana, se perdieron en ese amor, pero ahí se ganaron a ellas también. Y eso era suyo nada más.

Frida con *Mi nacimiento*, de alguna manera, también repara a su madre. Y al hacerlo, instaura un lugar para ambas. Sin duda es una pintura cruda, pero permite, como toda esta escritura y obra que refiero, a una reflexión que insiste en la vida, en levantarse de la caída. En estar expulsadas y gritar y vivir y gozar. También, en la obra de Kahlo, esta pintura es el inicio de la reflexión sobre la maternidad, no solo sobre su madre, sino de ella misma como madre, de su no serlo.

IV

Hospital Henry Ford.
La maternidad y el mandato patriarcal

Siguiendo esta línea de maternidades, me gustaría detenerme en la pintura *Hospital Henry Ford* también del año 1932. Este cuadro pone en escena un aborto. Al centro de la imagen está Kahlo desnuda en una cama manchada de sangre y con una lágrima cayendo de uno de sus ojos. De una de sus manos salen unos hilos naranjas que la conectan (de izquierda a derecha por arriba) con una especie de maniquí o réplica de cuerpo femenino, un bebé y un caracol. Por debajo de la cama, los hilos la enlazan con un artilugio médico mecánico, una flor y los huesos de una pelvis. De fondo se ve un paisaje industrial, la River Rouge Plant en Detroit, ciudad en la que se encontraba viviendo.

Este cuadro, que es el primero en el que la artista utiliza lámina como en los exvotos, mezcla imágenes que asemejan ilustraciones científicas con otras de corte más poético. El conjunto muestra diferentes elementos con los que representa su aborto, y tensa la dureza de las presentaciones y materiales médicos con las suavidades, viscosidades y fragilidades de un cuerpo que estaba gestándose dentro de ella y, de pronto, dejó de hacerlo. De nuevo, esta pintura marca un hito en la historia del arte, es el primer aborto pintado por una mujer en toda su crudeza.

Se podría ser más precisa y decir que es el primer cuadro terminado sobre un aborto. Ya en 1931 o 1932 la propia Frida pinta el cuadro inconcluso *Frida y la cesárea.*

En la biografía de Kahlo sus abortos han subrayado una lectura que asume que la pérdida de estos embarazos provocó una profunda tristeza en ella por su imposibilidad de ser madre, y una gran frustración por no poder darle hijos a Rivera, que ya tenía dos hijas (Lupe y Ruth) con Guadalupe Marín, quienes fueron muy cercanas a la propia Frida, sobre todo al final de su vida. Esa lectura tiene un peso insoportable, porque supone la carga social, la lástima y la compasión, de la mujer que quiere tener hijos, pero no puede. La mujer fallida, incompleta, estéril.

Sin embargo, hay datos, en la obra y en sus correspondencias, que ofrecen una lectura más compleja, tensa y ambivalente. En mayo de 1932 Kahlo escribe una carta al doctor Leo Eloesser, su médico más cercano y con el que tendría una íntima y entrañable amistad hasta su muerte, en donde le cuenta que está embarazada de dos meses. En esa misiva relata cómo, ante sus dudas sobre tener las capacidades físicas para soportar un embarazo y sobre si un hijo sería compatible con el tipo de vida y de relación que tenía con Rivera, tomó un medicamento, «quinina y una purga de aceite de ricino», indicado por el doctor Pratt, médico que la trató en Detroit, para inducir un aborto. Sin embargo, el medicamento no había surtido efecto y seguía embarazada. En la carta le dice al doctor Eloesser:

Pero, si realmente Ud. Opina como el Dr. Pratt que para mi salud es mucho mejor no abortar y tener a la criatura, todas esas dificultades pueden subsanarse en alguna forma. Lo que quiero saber es su opinión más que la de nadie en el mundo, pues Ud. sabe mi situación y le agradecería yo en el alma que me dijera claramente qué es lo que Ud. piensa que sería mejor. En caso de que la operación para abortar fuera más conveniente le ruego que le escriba al Dr. Pratt, pues probablemente él no se da cuenta bien de todas las circunstancias y como es contra la ley hacer abortar, quizá él tiene temor o algo y más tarde ya sería imposible hacerme la operación.[44]

No tengo información sobre la respuesta del así llamado por Frida «doctorcito», pero se sabe que siguió con el embarazo y finalmente, unos meses después, perdió al bebé de forma espontánea.

Me detengo en esto porque abre cuestiones importantes sobre las dinámicas que aparecen respecto al mandato de maternidad, y una posición ambigua de su parte que desata posibilidades críticas. Es claro que ella considera el aborto como una posibilidad para cuidar de su salud y continuar con su vida, que ella misma ubica en su pintura, su relación con Diego, su madre (quien todavía estaba viva) y su padre. Sin embargo, es contundente el dolor que le provoca la pérdida. Ahí se expanden las grietas de la ambigüedad.

Frida se comienza a referir a ella misma como la «Llorona». Esta caracterización replica la leyenda, popular en Latinoamérica, de una mujer que pena sufriente y arrepentida por haber matado a sus hijos, por haberlos ahogado en un río. La leyenda comenzó a documentarse en 1550 en la *Historia general de las cosas de Nueva España* del misionero franciscano Bernardino de Sahagún; sin embargo, se dice que esta leyenda tiene orígenes en relatos orales de diferentes grupos indígenas previos a la conquista y se les relaciona con diferentes deidades mesoamericanas. En el caso de México, se le ha relacionado con Tenpecutli, que había matado a

---

[44] Frida Kahlo y Leo Eloesser, *Querido doctorcito. Correspondencia entre Frida Kahlo y Leo Eloesser*, pp. 109-112.

sus hijos en un río. Esta diosa, que era muy bella, tenía la capacidad de cambiar su rostro por el de un animal si era mirada a los ojos, como los nahuales. Otro personaje con el que se le ha relacionado era la diosa del inframundo Mictlancíhuatl, que seducía y perdía a los hombres. También se ha propuesto que la Llorona es una hibridación de tres diosas mexicas: Cihuacóatl (la diosa madre y mujer serpiente), Teoyaomiqui (la vigilante de los muertos) y Quilaztli (diosa de los partos y los gemelos).

Estos varios orígenes abren puerta a diferentes relaciones.[45] En los mundos mesoamericanos son deidades en muchas maneras adoradas, respetadas y temidas. La transformación de la Llorona en la colonia y bajo el sesgo de la moral católica la convierte en mujer sufriente, castigada a penar por la eternidad justamente por no haber cumplido el mandato de obediencia. En esta elaboración además se imprime el elemento racial, donde la Llorona es una mujer indígena que mata a sus hijos mestizos.

La Llorona, me parece, encarna en forma de castigo la fantasía patriarcal de la «mala mujer» y la «mala madre». Aparece en los relatos populares y en las anécdotas familiares. Mi abuelo paterno, un minero de Pachuca, contaba que una noche al volver de la mina oyó a una mujer llorar y se le acercó para ver qué le pasaba. Decía que era bellísima. Cuando él le preguntó si le podía ayudar en algo, ella le contestó que había perdido a sus hijos. El abuelo recordaba, palideciendo cada vez que contaba la historia, que se le pusieron los pelos como escarpias y que su caballo lo sacó corriendo de ahí. El encuentro con la Llorona no le impidió casarse con una mujer veinticuatro años más joven que él, con la que tuvo trece hijos, más uno que murió. El primero, mi padre, nació en 1950, cuando ella tenía diecisiete años. La última nació solo un año antes

---

[45] Ana Sharife, «Llorona, la historia de un parricidio».

que mi hermana mayor. ¿Pudo mi abuela haber sido una «mala mujer» y decidir no tener hijos?, ¿era una posibilidad a su alcance?, ¿su única resistencia, como la de tantas otras, fue ser lejana y taciturna?, ¿una madre distante para mi padre que poco pudo aprender de ella sobre el amor y el cuidado? Con otros arquetipos a la mano, ¿qué tipo madre podré ser yo?

Volviendo a Kahlo, me parece que esta construcción de la Llorona es la manifestación de esta tensión donde ella misma se rebela y se somete al mismo tiempo. En su libro sobre la poética de identidad y fragmentación de la pintora mexicana, Gannit Ankori realiza una lectura de la obra de Frida basada en la idea del yo y de los distintos «sí mismos» que se manifiestan en la obra de la artista, rompiendo con la idea de una identidad fija y estable. Este trabajo, que analiza las obras en relación con las correspondencias, los intereses y la biografía de Kahlo, ha permitido un novedoso pensamiento sobre la artista. Ankori detecta en algunos de los «yoes» de Frida la inscripción de estas figuras ambivalentes y duales, como son la Llorona y la Malinche. Sobre la primera figura Ankori apunta:

Finalmente, al presentarse con el cabello negro despeinado y llorando, Kahlo se dotó intencionalmente de los atributos de la Llorona, una mujer arquetípica de la maldad, antitética de la esposa y la madre normativa. Como ellas, ella es sexual y maternal, pero la suya es una energía sexual desviada y una maternidad moribunda que amenaza los cimientos mismos del orden patriarcal.[46]

Para Ankori, además de la Llorona, Frida se identifica como la Malinche, otra figura arquetípica de la feminidad en México.

---

[46] Gannit Ankori, *op. cit.*, pp. 94-95.

Esta interpretación surge por una serie de representaciones en la pintura de Kahlo, y ciertamente podemos ver que en algunas de sus correspondencias la propia Frida firma bajo ese nombre, como se puede ver en la carta enviada al doctor Eloesser el 15 de marzo de 1941, donde se lee: «La Malinche. Frida».[47]

La Malinche —su nombre puesto en castellano es Marina y Malintzin en náhuatl— fue una esclava proveniente de Olutla (en lo que hoy es Veracruz) que fue dada en tributo a los españoles tras la batalla de Centla, donde nativos de Potochan (ahora Tabasco) perdieron el enfrentamiento ante los españoles que recién llegaban. Malintzin tuvo un papel importante como intérprete, pues hablaba, entre otras lenguas nativas, el náhuatl ceremonial y el maya peninsular, lo que permitió generar un puente con el español Jerónimo de Aguilar, quien también hablaba maya, y luego ella misma aprendió castellano para realizar las negociaciones personalmente. Esta mediación se ha leído como un eslabón indispensable para la conquista y la caída del Imperio mexica. Parte central de la narración es que, en esta condición de mediadora, Malintzin fue amante de Hernán Cortés y tuvo un hijo con él. Esta relación se lee en la narrativa nacionalista en términos del amor romántico de los últimos siglos, sin tomar en cuenta que las relaciones maritales y sexuales en aquella época eran parte de una trama estratégica, y que ella era una esclava. Su hijo se cuenta como el primer mestizo y, en la historia oficial, se inscribe como el fruto de la traición de la Malinche a los «suyos», lo que marcará el «destino trágico» de esta nación. Este relato no ha perdido fuerza a pesar de que hay datos que permitirían contar otras historias, como la de la princesa maya Zazil Há (en su lengua Ix Chel Ka'an), que se casó y tuvo hijos con Gonzalo Guerrero, español que naufragó,

[47] Frida Kahlo, *Escrituras*, p. 225.

fue esclavizado y luego, siendo hombre libre, tuvo hijos bajo la normativa maya con la heredera de Chactemal, previo a la llegada de Cortés. Pero, para la sociedad patriarcal, el relato fundacional se basó en una figura que justificaba la dominación masculina bajo alegorías reproductivas de mujeres traicioneras, a la vez que violadas.

Malitzin es una de las figuras más complejas en la historia nacional, pues supone una retórica que ha variado en el relato: a veces es la representación de la mexicanidad mestiza, otras tantas la traidora y «la chingada», para una narración esencialista que buscó determinar un destino de lo nacional en una desgracia fundadora. En contraste a esas narraciones, en su lectura (más cercana a la mía), la lingüista mixe Yásnaya Elena Aguilar ve en ella un punto clave para una nueva lectura histórica desde la reivindicación de una mujer nativa explotada, humillada y usada por el relato oficial, para intentar dar cuenta de las complejidades históricas que se enlazan en la vida de esta mujer, y comprender bajo esta nueva lectura los usos de los arquetipos femeninos para la construcción de un nacionalismo misógino, colonial y racista.

La figura de la Malitzin ha sido protagonista de la pintura histórica nacional desde la colonia, con obras como el lienzo de Tlaxcala (1552), y sus reinterpretaciones modernas, con significados muy distintos entre sí, como en los murales de Rivera en Palacio Nacional o la obra de Antonio Ruiz *El sueño de la Malinche* (1939).

Si bien Frida asume esos lugares arquetípicos de la Malinche para probablemente referir a su propia vida, me parece importante notar también que hay una vuelta de tuerca en su utilización. Ya que, al identificarse ella misma con la así designada «mala mujer», transgrede los órdenes establecidos y las morales imperantes. Kahlo no le teme a la prohibición, sino que la encarna y desde ella modifica a estas figuras femeninas, las suaviza, las tuerce, las revienta y las vuelve otra cosa. Frida se vuelve una Llorona que ríe, una Malinche que no materna, que no es perforada.

Si se asumen estos lugares de desobediencia, ¿por qué tendríamos que volver a normalizar el relato de castigo sobre las mujeres ambivalentes en cuanto a la maternidad, afirmativas y gozosas de su sexualidad, insubordinadas sobre el género? Si bien el análisis de Ankori permitió modificar la lectura de la obra de Frida basada en la identidad para entender esta producción de diferentes «yoes», su juicio sobre su «ser maternal» insiste en el fracaso. Ankori afirma:

> *Hospital Henry Ford* es acerca del triple fracaso de Frida: el fracaso de su cuerpo de engendrar un bebé; el fracaso de llenar el papel social de la madre; el fracaso de aceptar y vivir en paz con sus decisiones. La tragedia de Kahlo no fue simplemente la tragedia de no poder —ya sea por motivos físicos o psicológicos o por voluntad— tener hijos. Su más profunda tragedia fue que no pudo aceptar completamente su ser sin hijos.[48]

¿Acaso una siempre vive en paz, de una vez y para siempre, con las decisiones tomadas?, ¿es un fracaso no siempre aceptar lo que nos ha ocurrido?, ¿es una tragedia la ambivalencia? La interpretación de Ankori sigue siendo brutal. No con la artista sino con la mujer.

Más allá de la propia experiencia de la artista, en su obra, en estas pinturas sobre su aborto, pero también en la que se presenta maternando al propio Rivera (*El abrazo de amor de El universo, la tierra (México), yo, Diego y el señor Xólotl*, 1949), vemos las

---

[48] Gannit Ankori, *Imaging Her Selves. Frida Kahlo's Poetics of Identity and Fragmentation*, p. 158. La traducción es mía.

tensiones de este mandato que termina imponiéndose como carga subjetiva en la propia construcción de nosotras mismas. Su obra abre paso a las tensiones que esta imposición supone. Por un lado, queremos encarnar estas deidades poderosas que reniegan del mandato de ser madres y de ser mujeres abiertas para la posesión del otro, pero, por otro lado, penamos por haber fallado el mandato mismo.

No creo que la obra de Kahlo ofrezca solución, pero muestra la presión social de esta construcción y las respuestas, aunque sean contradictorias, ante dicha demanda. En este sentido, me parece más interesante leerla como una artista luchando en las ambivalencias y mostrándolas con su obra, que como una mujer que se somete a la pena de no ser madre. Su obra expresa la frustración, la tristeza, el duelo por la pérdida, pero también la libertad de existir más allá de ese mandato, de ser más allá de la maternidad o de su falta.

La ruptura del pacto, nuestro «invencible verano»

En la pintura mexicana, la obra de Frida Kahlo supone una ruptura en la representación de la maternidad. Para los pintores hombres, como Rivera, Siqueiros y Orozco (solo por mencionar a los muralistas), la maternidad sostuvo el ideal del sacrificio como parte de la labor patriótica.[49] Ellos insistieron en el necesario, aunque penoso, mandato de continuar poblando la tierra, sobre todo dirigido a mujeres pobres e indígenas. La madre se asociaba con la patria, así se continuaba imponiendo la maternidad como un deber y una responsabilidad, para sostener la nación por venir. Para trabajar la tierra había que poblarla.

En este país, las representaciones dominantes de la madre no solo en la pintura, sino en diversas visualidades y discursividades, implican siempre un sacrificio amoroso de primer orden. Ello mantiene conexiones con arquetipos católicos de sumisión, pero también con un tipo de nacionalismo moderno en el que la mujer cría, cuida y sostiene, aunque no haya condiciones para hacerlo.

[49] Conferencia de Dina Comisarenco: «Sin hijxs. Respuestas desde las prácticas artísticas», en el Instituto de Investigaciones Estéticas de la UNAM, realizada el 10 de marzo de 2023.

Los pintores poco o nada abordan las responsabilidades de los hombres y del Estado para generar infraestructuras para el necesario cuidado de la vida, y repiten ese lugar asignado para la mujer una y otra vez. Desde esas imágenes se ha representado y fijado la idea de la maternidad: es el trabajo de la mujer, su parte en el pacto social, aunque el contexto sea la soledad y el abandono de la pareja, la familia y las instituciones públicas.

La madre, en México, lo es todo, por ello importa. Sin embargo, la madre al mismo tiempo no importa, porque es mujer. Aquí los cuerpos femeninos, en tanto cuerpos sexuados, han sido botín de despojo y territorios de explotación. Pero, cuando estos mismos cuerpos se convierten en madres y cumplen la promesa de reproducción y el mandato de cuidado, adquieren una especie de veneración social, donde, a semejanza de las santas en la tradición católica, se les reconoce por su vida dedicada al trabajo, por sus sacrificios, por su dolor en el que nunca se duda del amor. Esta construcción de la madre es parte de una violencia sistémica y sistemática hacia las mujeres, una subjetividad y dinámica social que en México viene de tiempo atrás y es profunda.

Otro cuadro que trata brutalmente esta cuestión es la obra *Unos cuantos piquetitos* de 1935. Este óleo sobre lámina de tan solo 30 cm por 40 cm es otro de los casos en los que, desde la inspiración del exvoto, Kahlo configura una escena de denuncia sobre una violencia ejercida sobre el cuerpo de una mujer. Este cuadro desgarrador perturba por su imagen precisa. En él se muestra el cuerpo ejecutado de una mujer desnuda, que todavía viste una media y un zapato, recostada en una cama, con cientos de heridas que le recorren el cuerpo y abren su vientre en dos, mientras su asesino observa, cuchillo en mano, sin compasión alguna, con una ligera pero persistente sonrisa. Unas palomas sostienen una cintilla que, de manera sarcástica, anuncia lo que —se dice—

dijo el asesino (el caso circuló en los periódicos nacionales) cuando fue presentado ante el juez: fueron tan solo «unos cuantos piquetitos».

La pintura no puede contenerse en el marco y, en una experimentación radical sobre el medio y aquello que ha funcionado históricamente como límite y contención, se extiende y desparrama sobre él. Si bien en otras pinturas de Frida es evidente cómo el marco forma parte sustancial de la obra, este cuadro es particular porque la pintura es parte de él, como si la propia sangre del feminicidio se derramara sobre nosotras, se nos arrojara y nos manchara también.

Aunque esta obra ha sido leída sobre la trama de la relación entre Diego y Frida, sobre todo por la interpretación hecha por Herrera a partir de una conversación que un amigo le refirió, donde Kahlo supuestamente le dice que ella también había sido «asesinada por la vida»,[50] me parece que es importante explorar esta obra más allá de esa anécdota y de las coordenadas de interpretación que hace Herrera bajo los arquetipos del «macho» y la «chingada», que remiten a las elucubraciones sobre la sexualidad femenina mexicana elaboradas por Octavio Paz en *El laberinto de la soledad*, siempre en términos de pasividad y violación.

Independientemente de los sentimientos de Kahlo sobre su relación con Rivera, como obra de arte, *Unos cuantos piquetitos* es una de las primeras pinturas hecha por una mujer sobre un feminicidio en México. Si bien ya había referencias plásticas, como las de José Guadalupe Posadas y el grabado *La muerte de la Güera Chabela* (1929) de la artista Isabel Villaseñor para ilustrar un corrido de Concha Michel (ambas amigas cercanas a Frida), esta es una pintura fundacional sobre el tema.

---

[50] Hayden Herrera, *op. cit.*, p. 223.

Evidentemente, en el tiempo de Kahlo no existía la noción de *feminicidio*, este concepto tuvo que ser creado para dar cuenta y denunciar la violencia exacerbada en contra de las mujeres a partir de los despojos del neoliberalismo y las transformaciones económicas y sociales que provocó. Su primer uso se registra en 1976 en el Primer Tribunal Internacional de Delitos en contra de las Mujeres que se celebró en Bélgica. En México su uso se sistematizó a partir de 1993, en Ciudad Juárez, donde durante una década hubo más de setecientos asesinatos violentos de mujeres, la mayoría con evidencia de violencia sexual. Aunque fue hasta 2012 que la figura entró al Código Penal de México. En estos años se adecuó el concepto de feminicidio para tipificar legalmente una crisis en la que también se señala la participación del Estado, en su incapacidad y responsabilidad para dar garantía de una vida digna para las mujeres. En 2022 se denunciaron 968 casos de feminicidio en el país. Las estadísticas son difíciles de establecer, porque muchos de los asesinatos no quieren ser reportados como feminicidios, por la responsabilidad que supone esta definición para las autoridades. En 2023 se informó que al año en México hay tres mil mujeres asesinadas, incluyendo niñas y adolescentes. De este número, solo el veinticuatro por ciento fue designado bajo ese término. Entre esas denuncias, la impunidad superó el 95 por ciento.[51]

En ese sentido, es importante, hacernos la pregunta que enuncia la escritora Cristina Rivera Garza: «¿De qué hablamos cuando hablamos de feminicidio?» y ¿cómo hablamos cuando hablamos de un feminicidio? Rivera Garza plantea estas interrogantes con conocimiento de causa. En 2022 publicó *El invencible verano de Liliana*, donde escribió sobre el feminicidio de su hermana Liliana,

---

[51] Almudena Barragán, «Mas de 3.000 asesinadas al año en México: la violencia contra las mujeres se ceba con las más jóvenes».

ocurrido en el verano de 1990. Este libro explora y comparte la vivencia de abrir el caso jurídico del asesinato, en el que el sospechoso se fugó del país, veinte años después de los hechos y buscar la propia voz de su hermana para poder dar cuenta de su terrible experiencia, de la violencia con la que fue acosada, maltratada, desechada y posteriormente a su asesinato, bajo una indagación de homicidio simple, vuelta a invisibilizar por un sistema jurídico que ocultó la violencia bajo los discursos del desamor y el despecho.

El acto, verdaderamente amoroso, de restaurar el perfil de su hermana lo hace la autora al recabar los recuerdos de amigas y amigos de su hermana, al escribir sus propias memorias y las de sus padres, junto a las cartas que Liliana misma escribió, acto que inscribe en el texto su letra, su voz y sus infinitos deseos de libertad.

Tras la publicación de ese libro, Rivera Garza reflexionó en otros textos acerca de los términos en que se discute el feminicidio, que han cambiado del año en que su hermana fue asesinada al día de hoy, en la segunda década del siglo XXI. Por ello vale la pena preguntarse cómo hablar de feminicidio sin hacerle el juego al patriarcado y sus retóricas, que intentan justificar y naturalizar la violencia. En sus palabras:

> Ahí donde las narrativas que todavía creen que la violencia contra las mujeres es un asunto extraordinario, regido por arrebatos de celos o pasiones varias que, de otra manera, no caracterizan a la personalidad del hombre en turno, las narrativas feministas han subrayado el carácter estructural y sistemático de esta violencia, dejando en claro que los asesinatos de mujeres pueden aparecer a primera vista como de naturaleza pasional o emotiva, pero son en realidad cuestiones estructurales del poder.[52]

[52] Cristina Rivera Garza, «¿De qué hablamos cuando hablamos de feminicidio?», p. 81.

Siguiendo las reflexiones y señalamientos de Rivera Garza, me parece que es importante cambiar los términos con los que pensamos y analizamos también la obra de Kahlo. No solo para intentar ser más justas con la artista sino, quizá más importante, para ser más justas con nosotras mismas.

Unos cuantos piquetitos es la imagen que se ha vuelto nuestro paisaje social y que nos indica el desprecio y la violencia que se ejerce contra las mujeres por el hecho de ser mujeres. No es una simple anécdota, sino la representación de una violencia específica y sistemática. Por ello, en vez de insistir sobre el significado de la obra a partir de una ruptura amorosa, sobre el desamor del asesino y de la pintora, habrá que notar que esta pintura, como documento histórico, es una representación donde ya está en marcha una guerra entre una subjetividad femenina que se busca más libre y se vive en sus propios términos, y una masculinidad que ya no encuentra su espacio de poder y no tiene otra forma de dominio que matar a quien desea y ya no puede controlar.

Si miramos con detenimiento la pintura, la representación que ofrece Frida de este feminicidio no es la presentación de la «chingada», sino la de una mujer que es exterminada por su cuerpo sexuado, deseante, abierto y activo. Es la mujer libre que lucha contra el deseo atrofiado de las masculinidades en un patriarcado que no puede ya cumplir su promesa de privilegio masculino pero que, sin embargo, sigue dominando las dinámicas sociales. Esta violencia no es la esencia de nuestra mexicanidad, como pretendió definir Paz para dar cuenta de nuestra historia, imponiendo así una suerte de destino trágico e inapelable. Es una construcción del patriarcado y es histórica y, por tanto, puede ser modificada. Por ello, importa cómo hablamos de ella. No es lo mismo contar el desamor que la injusticia.

Bajo la perspectiva que propongo, esta obra se convierte en una referencia para la historia de la violencia contra las mujeres, de su representación visual y de su denuncia. Por esta razón, se vuelve relevante rescatarla, hacer de ella no una proyección de la artista, mucho menos un presagio, sino la hendidura que señala ya una lógica de la violencia y que supone el inicio de una historia de la representación del feminicidio. Esta historia tendrá que elaborarse a través de generaciones y generaciones de mujeres, algunas de ellas artistas también, para poder dar forma, significar, compartir y comunicar cómo se vive esta violencia, cómo se construye, con qué palabras, bajo qué miradas, sobre qué retóricas, sobre qué gestos. Esa acumulación hará inteligible, para cada una y para todas, ese peligro que nos acecha y que muchas veces no vemos, no porque sea invisible sino porque no hay, bajo el patriarcado, condiciones para su señalamiento.

Unos cuantos piquetitos hace esa representación. Muestra la herida con una precisión que conmueve. En ella el óleo parece coagularse como la sangre seca y derramada. Con una pincelada delicada y corta, casi en miniatura, uno puede ver cada una de las cuchilladas rompiendo la piel. Impresiona la puñalada arriba del pecho y la que le corta el vientre, en ellas se pliegan las capas que arrancan la vida para siempre bajo la mirada del feminicida.

Desgarros y duelo

Para visibilizar una violencia sistémica y sistemática, podemos pensar que hay un lazo que une *Mi nacimiento, Hospital Henry Ford* y *Unos cuantos piquetitos* y subraya la violencia de un mandato patriarcal sobre las mujeres, echa luz sobre las definiciones de lo que somos, basadas en un contrato social en el que las mujeres no valemos más que como pieza central para la reproducción social. Las obras sobre el aborto de Frida Kahlo son muy importantes en la historia del arte porque participan del registro de la violencia en la construcción histórica de la mujer, pero también de la pérdida a la que estamos sometidas.

Frida Kahlo es la primera artista que, en sus pinturas sobre el aborto, expone la experiencia profundamente íntima de lo que implica el nacimiento, la vida y la muerte. Nos permite situarnos en el dolor y entrar en la profunda oscuridad de la pérdida, que es completamente compatible con la ambigüedad de no querer —o de no saber si se quiere— ser madre, y eso es mucho. Este planteamiento es una bomba para hablar hoy de maternidades deseadas y no deseadas, del dolor en la ambigüedad del propio deseo. Por ello, como señala la investigadora Patricia Mayayo, la pintura *Hospital Henry Ford*, y yo sumaría *Mi nacimiento* y *Unos cuantos piquetitos,* abre una representación visual que será de suma importancia para la historia del arte y las producciones de visualidades y resistencias feministas de nuestro tiempo:

> En este sentido, el cuadro de Kahlo no solo se alza en contra de las convenciones representativas. A lo que se enfrenta la artista es a un vacío total de imágenes, a la ausencia absoluta de una tradición artística de la que partir a la hora de representar una experiencia como la del aborto. Muchos años después, en pleno apogeo de la segunda ola del movimiento feminista, algunas artistas norteamericanas como Judy Chicago o Miriam Schapiro reivindicarán la necesidad de un vocabulario propio para poder expresar vivencias específicamente femeninas tradicionalmente silenciadas o desdeñadas por el Patriarcado. [...] la obra de Frida se convertirá, a este respecto, en una referencia ineludible.[53]

Hoy en el arte contemporáneo el tema del aborto sigue siendo un sitio necesario para explorar, por un lado, las luchas de los derechos reproductivos y, por el otro, lo silenciado de los procesos de duelo en relación con los abortos, tanto inducidos como espontáneos. Sobre los derechos reproductivos se puede ver la obra de Ana Gallardo, que a finales de los años noventa inició la serie *Manifiesto escéptico.* Se trata de una instalación en la que se presentan herramientas domésticas para realizar abortos clandestinos: instrumentos de cocina, agujas de tejer y otras herramientas cuelgan de la pared, así como cientos de perejiles de tallo largo para evidenciar la precariedad y el peligro con los que las mujeres tienen que tomar sus decisiones y su vida en propia mano, con lo que encuentran al paso para generarse abortos clandestinos.

---

[53] Patricia Mayayo, *Frida Kahlo. Contra el mito*, p. 146.

Esta pieza, que mostramos en la exposición de *Maternar. Entre el síndrome de Estocolmo y los actos de producción*,[54] coincidió con la revocación en Estados Unidos de Norteamérica de la sentencia conocida como «Roe contra Wade» que garantizaba el acceso legal al aborto de manera federal, lo cual abrió la puerta a los gobiernos estatales para su prohibición. Los materiales que se mostraban en las paredes del museo cobraban un aspecto siniestro al tiempo que imaginábamos a las miles de mujeres que tendrán que recurrir de nuevo a su propia mano para defender la vida como quieren y pueden vivirla. El olor a perejil cubría todo el espacio y se volvía una advertencia de la fragilidad de los derechos reproductivos de las mujeres. El aborto es legal en México con causales como la violación o cuando pone en riesgo la vida de la gestante en los 32 estados de la República. En tanto libre decisión, por el simple y contundente hecho de no querer ser madre, solo es legal abortar en veinte estados del país, como es el caso de Ciudad de México, Oaxaca, Hidalgo, Veracruz, Baja California, Colima, por mencionar a algunos, y Chiapas y Nayarit fueron los últimos en sumarse a la lista en 2024 y 2025, respectivamente.

Por otro lado, en otra escala, en la misma muestra se exponía *Ecoburilado*, de la artista peruana Natalia Iguiñiz, realizada en colaboración con Sixto Seguil. En esa pieza, sobre la base de la fruta

---

[54] *Maternar. Entre el síndrome de Estocolmo y los actos de producción* fue una exposición curada por mí y Alejandra Labastida de noviembre de 2021 a julio de 2022, y contó con obras de: Helen Benigson, Paloma Calle, Chto Delat, Claire Fontaine, Lenka Clayton, Colectivo NoSinMiPermiso, Moyra Davey, Flinn Works, Raquel Freire, Regina José Galindo, Ana Gallardo, Zanna Gilbert, Núria Güell, Ai Hasegawa, Amelia Hernández, Natalia Iguiñiz y Sixto Seguil Dorregaray, Pesin Kate, Paulina León, Cristina Llanos, María Llopis, Irene Lusztig, Mónica Mayer, Maruch Méndez, Marge Monko, Daniela Ortiz, Frida Orupabo, Luz Poma Canchumani, RJRM, Adriana de la Rosa, María Ruido, Canan Şenol, Diego Teo, Carmen Winant. El catálogo se puede descargar gratuitamente en la página del MUAC. Ver: muac.unam.mx/exposicion/maternar.

de una calabaza labraron, usando las técnicas ancestrales del arte andino, las ecografías de la artista, donde se mostraban los análisis clínicos que decretaban la muerte de su bebé. La sutileza del material recordaba la fragilidad de la gestación y la muerte que está presente aun antes del nacimiento con la propia inviabilidad de la vida en el cuerpo de la madre. Esta pieza rompe ese silencio social en relación con la pérdida. Si bien hay un espacio permitido para la muerte de un hijo —ya nacido—, y existe un acuerdo tácito de que es uno de los dolores más grandes que se pueden experimentar en vida, poco o nada se dice de las pérdidas por aborto.

Hospital Henry Ford, así como la obra de Iguíñiz, es sobre la pérdida, y ambas formas visuales elaboran un duelo del que no se suele hablar. No se habla ni del dolor físico ni emocional de un aborto, sea espontáneo o inducido. Es una muerte que genera un dislocamiento particular, que generalmente queda inscrito solo en el cuerpo y el tiempo de aquellas que gestaron. No hay espacio social ni público para ellos. En su texto «Killing Time», Caitlín Doherty explica lo siguiente en relación con su propio aborto inducido:

> Quizás lo que es específico es esto: que, con la muerte de tu hijo, tu propia experiencia del tiempo puede ser especialmente propensa a la perturbación porque la vida perdida, por así decirlo, se había desplegado previamente dentro de tu propia vida. Ya una vez sentiste que el tiempo de tu hijo se desenrollaba silenciosamente dentro del tuyo propio; entonces, cuando ese niño es cortado por su muerte, tu tiempo interior duplicado también es «desgarrado intempestivamente». El tuyo y el del niño. La separación de la vida del niño hace un corte a través de la tuya.[55]

---

[55] Caitlín Doherty, «Tenancy Part 6: Killing Time». La traducción es mía.

Estas dos cuestiones, la demanda de los derechos reproductivos y la denuncia del derecho al duelo por la muerte provocada por abortos —inducidos o espontáneos—, no son contradictorias. Forman parte de la lucha por la vida misma, una vida en que podamos decidir si queremos y podemos tener hijos, y una vida en la que podamos llorar a los hijos que no quisimos o no pudimos tener.

Desde que soy madre tengo claro, con una certeza que espanta, que mi límite existencial estaría en la muerte de mi hija, esa es la frontera infranqueable para soportar la vida. Pero ello no quita, sino más bien corrobora, la certeza de que jamás ninguna mujer debería tener que maternar sin poder hacerlo o sin desearlo. Porque ciertamente la maternidad te quiebra, y una tiene que querer y poder buscar las herramientas para aprender a vivir con esa herida y no replicar la violencia que supone la maternidad bajo el patriarcado. Recomponerse para amar desde esa herida y cuidar el poder que tenemos sobre nuestras hijas, hijos e hijes.

Estas cuestiones que todavía tenemos que hablar están ya representadas en la obra de Kahlo y, si bien es conveniente para cierta cultura estabilizar su sentido en la «frustración» y el «dolor» de Frida por no haber tenido hijos, me parece más contundente abrirlo desde este lugar que posibilita, por un lado, seguir pensando en estas denuncias sobre el mandato social de la reproducción y en los duelos, múltiples, de la maternidad y, por el otro lado, insistir en lo que logra esa representación de una mujer sin hijos.

Kahlo se presenta a ella misma fuerte, vulnerable, alegre, triste, solitaria; acompañada de plantas y animales, pero sin hijos, lo que ya marca algo nuevo en la historia plástica de México. Con ella aparece una representación en la que se puede ser mujer y no tener hijos y abrirse así a otras formas existenciales y también políticas de la vida. Su obra, más que determinar una identidad dada sobre la mujer sin-hijos, expande la conversación, todavía silenciada por el peso que esta construcción tiene sobre nosotras, sobre la mujer-con: con deseo, con placer, con enfermedad, con plantas, con animales.

V

Lo que el agua me dio.
La revuelta de la aguafiestas

Al final de los años treinta Kahlo pudo exponer su trabajo fuera de México, en 1938 en Nueva York y en 1939 en París. Tras esas muestras recibió el adjetivo de surrealista. En la ciudad de Estados Unidos expuso en la galería de Julien Levy. Con esta selección de su obra, se declara en la invitación, la artista demuestra ser «una fascinante pintora de importancia y por derecho propio».[56] Ese «derecho propio», decretado por los otros, significa una autonomía con respecto a la figura de Rivera. Ello, más que a Frida, le permite a la crítica y a los espectadores acercarse a la obra de la pintora desde otras trincheras ideológicas.

En la exposición de Nueva York se mostraron veinticinco obras, entre ellas *Retrato de Luther Burbank* (1931), *Hospital Henry Ford* (1932), *Mi nacimiento* (1932), *Mi vestido estaba colgado ahí* (1933), *Piden aeroplanos y les dan alas de petate* (1936), *Mis abuelos, mis padres y yo* (1936), *Fulang-Chang y yo* (1937), *Mi nana y yo* (1937), *Pitahayas* (1938), *Tunas* (1938), *El marco* (1938), *Recuerdo de una herida abierta* (1938) y *Lo que el agua me dio* (1938). De la muestra hubo una recepción positiva, aunque no faltaron críticas, como

[56] Referido en Hayden Herrera, *op. cit.*, p. 278.

la de Howard Devree del *New York Times*, que señaló que los motivos de Frida eran más «obstétricos que estéticos».[57]

Los «motivos» en la obra de Kahlo no solo fueron considerados por su cercanía a lo ginecológico, también el contexto de la muestra tuvo un efecto exotizante. En la invitación ya referida se lee: «Respecto a hechos concretos, sus cuadros combinan cierto elemento mexicano nativo y primitivo con una franqueza e intimidad femeninas poco comunes, así como la sofisticación que integra el factor surrealista».[58]

Su pintura era juzgada como «primitiva», una etiqueta que ha permanecido hasta nuestros días, aunque no es del todo claro qué indica. En el siglo xx esta descripción pretendía definir una pintura moderna de tipo *naïve*, como la desarrollada por Paul Gauguin, Pablo Picasso o Amedeo Modigliani, en la que se privilegiaban las formas populares y se evocaba aquello que visto desde ojos europeos se podía llamar «primitivo». Es decir, era una etiqueta para esos motivos «no occidentales» provenientes a menudo de culturas indígenas o africanas (que en algunos casos eran todavía colonias europeas), y que renovaron las visualidades modernistas con la incorporación y apropiación de lo «otro». La visión de lo salvaje y de lo arcano funcionaba como supuesta vuelta al origen, lo que en Europa de inicios del siglo xx se conjugaba con una profunda crisis política e identitaria, que encontraba su reverso negativo en el nazismo que postulaba en la «pureza racial» una identidad originaria constitutiva de una supuesta superioridad.

Además, en el caso de Frida, lo «primitivo» fue la palabra para caracterizar una técnica pictórica amateur que parecía «tener el

---

[57] *Ibidem*, p. 280.
[58] *Ibidem*, p. 278.

mismo enfoque que un libro para colorear».[59] Respecto al primer sentido del mote, la relación de la obra de Kahlo con lo popular y lo prehispánico, como hemos explorado, tenía que ver con un léxico compartido con Rivera y su muralismo, que funcionaba como vocabulario para hacer emerger una sensibilidad común. Lo «mexicano» buscaba su expresión plástica en la artesanía, en lo antiguo, en lo campesino, en lo indígena; vehículos para un proyecto social que, con estos elementos sensibles, visibilizaban sujetos ignorados por la historia hegemónica. Si bien, también había lo que hoy podemos considerar una «apropiación cultural», se trataba de una política con el fin de lograr el surgimiento de un proyecto social que se imaginaba emancipatorio o, al menos, más justo que el anterior.

Respecto al segundo sentido del primitivismo, relativo a la técnica pictórica de Kahlo, hay que tomar en cuenta los cambios que tuvo a lo largo del tiempo. Es cierto que, sobre todo en un inicio, su pintura tenía una estructura plástica muy sencilla, con unas formas espaciales bastante planas y unas figuras que retomaban la miniatura como eco de estilos populares por su semejanza con los exvotos; sin embargo, es claro que estos elementos se fueron alterando hasta lograr una expresividad de primer orden. Esta alteración generó una complejidad plástica que tuvo efectos, sobre todo después de su paso por San Francisco y Detroit, en la producción del espacio y del tiempo dentro de sus pinturas. Una dinámica que ya no tiene nada que ver con lo primitivo, ni en el sentido de una búsqueda por el origen ni en el de una sencillez aficionada, sino que es otra cosa.

En los últimos años de la década de los treinta ocurre una transformación radical en la obra de Kahlo, una madurez, destreza e

---

[59] *Ibidem*, p. 188.

imaginación que le permitirá desplegar ese espacio liminal que ya estaba tomando forma. A su regreso de Detroit, las investigaciones plásticas de Kahlo toman otras derivas, sobre todo en relación con el tiempo y el espacio. En obras como *Autorretrato en la frontera entre México y Estados Unidos* (1932), *Mi vestido cuelga ahí* (1933), *Recuerdo* (1937), *Lo que el agua me dio* (1938) y *El suicidio de Dorothy Hale* (1939) parecen, por un lado, condensarse espacialmente en un solo plano una multiplicidad de dimensiones, y, por el otro, una temporalidad en la que cúmulos de instantes contienen tanto lo pasado como lo porvenir y desquician cualquier posibilidad de linealidad o continuidad. En esta etapa hay imágenes un tanto bizarras, que narran no solo situaciones específicas, como habíamos visto en obras anteriores, sino una deriva del tiempo, que permite presentar una serie de procesos históricos, visiones de futuro, sensaciones y perturbaciones, todo en una sola imagen.

Una de las obras más características de este periodo fue *Lo que el agua me dio*, pintura con la que André Breton decretó la pertenencia de Frida al movimiento surrealista. El artista francés viajó a México en 1938 para vincularse con el revolucionario ruso León Trotsky, quien estaba exiliado en México gracias al apoyo del presidente Lázaro Cárdenas, bajo el sostén de Rivera y Kahlo, entre otras personas. Aunque se encubrió el viaje bajo el pretexto de dar unas conferencias en el país, la intención de Breton era establecer un frente contra las doctrinas estalinistas bajo las que se producía el arte político. Rivera y Breton, con la aprobación de Trotsky, fundaron la Federación Internacional de Artistas Revolucionarios Independientes que intentó abrir un brazo artístico para la Cuarta Internacional. Durante ese viaje, Breton y la artista surrealista Jacqueline Lamba pasaron mucho tiempo con Diego y Frida, y parecía que se dibujaba un horizonte común. Se dice que el escritor quedó muy asombrado cuando vio la recién acabada pintura de Kahlo, pues para él hacía visible la frase que alguna vez le oyó a Nadja: «soy el pensamiento sobre la tina en la pieza sin espejos».[60] *Lo que el agua me dio* es un autorretrato en el que una vez más se elude el rostro y se presenta un retrato íntimo y singular, pues es para abajo y hacia adentro, desplegándose en lo múltiple.

Unos pies se asoman de una tina blanca medio llena, en la que se extienden una serie de paisajes entrelazados por el agua. De los pies con las uñas pintadas de rojo sobresale la herida del pie derecho, que rasga la piel por encima del dedo gordo y sangra, mientras los dedos próximos se deforman. El más pequeño se resiste y se mantiene erguido, o lucha por hacerlo. Un metal en lo que parece ser el tapón de la tina sangra también, gotea. Los diez dedos, con sus metatarsos, se reflejan en el agua y por lo tanto suman veinte. Entre los múltiples paisajes del agua, se distingue un volcán en erupción del que emerge un rascacielos; en un pequeño cerro naciente se sienta sosegado un esqueleto; un inmenso pájaro se sostiene «picorriba» en las copas de un árbol, mientras un hombre, que usa una máscara de piedra similar a las caretas mesoamericanas, descansa con una pierna en el agua, en una posición que asemeja a un chac mool, y mira hacia el frente casi sonriendo a su espectadora. Este hombre sostiene en una de sus manos una cuerda que se enreda en el cuello de una mujer que parece embarazada. Ella flota desnuda sobre el agua. Sobresalen su pelo, cara, pechos y su prominente vientre. Tiene los ojos cerrados y un hilo de sangre parece salir de su boca. Sobre ella camina una araña. La cuerda que parece ahorcar su cuello se sujeta de una roca en la que termina floreciendo una espinada cactácea. Sobre la cuerda se pasean una chinche, un mosquito, una lombriz, algunos otros insectos,

---

[60] André Breton, «Frida Kahlo», en *op. cit.*, p. 143.

y una pequeñísima bailarina que juega con sus brazos y sus piernas para mantenerse en equilibrio. En el costado izquierdo, debajo de la roca, una caracola se convierte en una presa de la que salen chorros de agua. Un poco más arriba, casi acariciando el pie izquierdo, navega un velero. Del otro lado, cerca del esqueleto volcánico de un matorral de hojas verdes emergen los rostros de un hombre y una mujer que recuerdan a los retratos del final del siglo XIX. Si hacemos caso a otros de sus cuadros podemos identificar que son Guillermo, su padre, y Matilda, su madre. Al frente de ellos, cubiertas por las plantas en una especie de isla flotante que es en realidad un petate hay dos mujeres desnudas, complacidas. Una, de piel marrón, está sentada mientras acaricia el cuello de la otra, de piel más clara, mientras la mano de esta última reposa cerca de su propia vulva. Debajo de ellas hay raíces y flores. Un traje de tehuana flota en el agua, la falda es amarilla y la blusa roja —huipil corto— con bordados en negro y destellos áureos. A través del agua se translucen las piernas, en una de ellas casi se adivinan heridas y moretones.

Breton quiso ver en Kahlo una mirada surrealista, para hallar ahí un tipo de develamiento inconsciente que pudiera liberar la mente de las opresiones racionalistas de la época, que sumían al mundo y con mayor fuerza a Europa en los órdenes fascistas. Breton invocaba a las máquinas oníricas para poder provocar una revolución. Pero la obra de Frida no estaba necesariamente refiriéndose a los sueños. Su producción era quizá algo más cercano a una visión, a una alucinación. Anclada en la realidad, su realismo, como había señalado Rivera en su interpretación de los autorretratos de Frida, era parte de una vida diurna.

Quizá la lectura de Breton, más que demarcar las imágenes conscientes o inconscientes, nos habla de la diferencia entre distintas racionalidades y las formas de la experiencia europeas y no europeas. Ahí podemos enmarcar la lamentable frase de Breton en la que señala que México es el país más surrealista del mundo. No es que México fuera «surrealista», sino que la racionalidad moderna se imponía tarde y por debajo.

Es conocida la obsesión que Breton tenía por México, ello por ciertas lecturas que hizo de niño de los libros de aventuras de Gabriel Ferry, así como por la importancia que habían tomado los objetos mesoamericanos para el pensamiento radical de autores como Georges Bataille y Michel Leiris. También, la todavía cercana Revolución Mexicana llenaba de fantasías emancipatorias y libertarias al surrealista francés bajo figuras como las de Emiliano Zapata y Francisco Villa. Tal era su interés por este país que previo a su viaje le pidió a su amigo Luis Cardoza y Aragón que le hiciera una vista panorámica de aquel lugar, a lo que Cardoza respondió desde un duro exilio que le daba otra perspectiva de las cosas: «Y es que México nos sobrepasa terriblemente, dolorosamente, infinitamente».[61]

El breve viaje de Breton a México no le permitió ver la complejidad que supone este país, quizá no tanto por lo que vio sino por lo que quiso ver. Desde ahí siguió alimentando una mitología que era importante para su molino y proyectó toda esa promesa en la exposición *Mexique*, en la que el centro era la obra de Frida Kahlo.

Todavía en una cercanía llena de desconfianzas, Frida viajó a París en 1939 para participar dicha muestra que organizó —caóticamente —Breton. En ella se expusieron algunos de sus cuadros entremezclados con fotografías de Manuel Álvarez Bravo y pinturas de siglo XIX, así como artesanías, valiosos objetos arqueológicos mesoamericanos de la colección Ratton,

---

[61] Luis Cardoza y Aragón, «México, de cerca, de lejos…», p. 165.

que también estaban a la venta, y calaveras de papel maché. Con esta muestra, a decir del propio poeta,[62] intentaba compartir su amor por México para explorar no solo el «desconocido interior» —objetivo surrealista de desmontar la psique y el inconsciente de los individuos—, sino también el «interior exterior» de los territorios distantes a la Europa en crisis.

La exposición tuvo una buena recepción, pero el proceso para llegar a ella no fue fácil y supuso una serie de desencuentros entre Kahlo y Breton. El clima político era también tenso y de mucha incertidumbre. Por un lado, era inminente la caída de la república en la Guerra Civil Española y, por el otro, se podía palpar el inicio de la Segunda Guerra Mundial. París era todo menos una fiesta. En una carta al fotógrafo Nickolas Muray, Frida escribió:

No tienes idea la clase de cabrones que es esta gente. Me hacen vomitar. Son tan jodidamente «intelectuales» y podridos que no los aguanto más. De verdad que es mucho para mí. Prefiero sentarme en el piso en un mercado en Toluca y vender tortillas, que tener algo que ver con estas perras «artísticas» de París. Se sientan por horas en los «cafés» calentando sus preciosos traseros, y hablan sin parar acerca de «cultura», «arte», «revolución» y así, pensándose a sí mismos como los dioses del mundo, soñando los más fantásticos sinsentidos y envenenando el arte con teorías y teorías que nunca se harán realidad.[63]

La trinchera que desplegaba el inconsciente estaba lejos de lo que Frida encontraba como una política de vanguardia revolucionaria. Al realizar su práctica en México y al ser parte del proyecto político de Rivera, y una vez rota la alianza y amistad con Trotsky

---

[62] André Breton, *«Mexique»*, p. 203.
[63] Frida Kahlo, *Escrituras*, pp. 171-172.

—quien todavía era cercano a Breton—, durante su estancia en París, es posible entender la cautela para arropar al movimiento surrealista. Para Kahlo el surrealismo se hundía en las contradicciones de la bohemia, de una intelectualidad burguesa aislada y fuera de los procesos libertarios de los obreros y campesinos.

Sin embargo, más allá del propio Breton, quizá uno pueda entender hoy las posibilidades políticas que los surrealistas encontraron en la estética, en esa producción de lo sensible que aparecía en sus máquinas oníricas, en la novela de China Miéville *Los últimos días de Nueva París*. En ella los autómatas surrealistas, los «*manif*», toman vida en un París ocupado por los nazis y sus espíritus diabólicos, quienes en el relato del novelista ganan la Segunda Guerra Mundial. Para Miéville son esos seres que emergieron de los cadáveres exquisitos y de las fracturas de la temporalidad occidental —el sueño, pero también la pesadilla— los que tomaron vida en la caída de París. Y los surrealistas se convirtieron en la última resistencia:

Un gemido, un grito, un zumbido de alas de insectos, el tañido de una campana, una riada ancha como una ciudad, una explosión, un barrido y torrente y una nova, megatón imaginario, de aleatoriedad y de sueños. Ese viento aventador de Arnaud, de Lefebvre, Brassaï, Agar, Malkine, Aline Gagnaire y Desnos, Valentine Hugo, Masson, Allan-Dastros, Itkine, Kiki, Rius y Boumeester y Breton, y de todos ellos en todo el mundo y de todo lo que habían amado y de todo lo que alguna vez habían soñado. Una puta tormenta, una reconfiguración, una onda expansiva de amor descabellado, una abrasadora detonación del inconsciente.

París cayó, o se levantó, o cayó, o se levantó, o cayó.[64]

[64] China Miéville, *Los últimos días de Nueva París*, pp. 158-159.

Ellos, los surrealistas y sus aliados, luchan en contra del paisaje que ofrece la plasticidad nazi. La operación surrealista, al menos en la provocación de Miéville, es poner a luchar a sus extraordinarios seres con los bucólicos paisajes imaginados por Hitler. En ellos lo que se extingue es la vida y lo que queda es una alucinación disecada de las fantasías imperiales de la Alemania nazi, un castillo sobre una montaña verde limón bajo un cielo azul celeste. No hay un solo ser vivo a la vista.

Siguiendo el juego de ciencia ficción, imaginemos que tomara vida el cuadro de Frida Kahlo del que antes hablábamos, *Lo que el agua me dio,* y también *Ortschaft an Vorgebirgssee* (Aldea en un lago junto a las montañas), acuarela adjudicada a Adolf Hitler realizada probablemente durante la Primera Guerra Mundial (se sabe que el dictador quiso estudiar arte y fue dos veces rechazado por la Academia de Artes de Viena), ¿no valdría la pena librar la más ardua de las batallas porque fuera la tina de baño la posibilidad misma de futuro?, ¿no preferiríamos flotar eternamente en un petate mientras acariciamos a nuestra amante a ser la roca de un inmortal castillo medieval?

Más allá de la ficción especulativa, me parece interesante revisar este desencuentro que hizo a Kahlo desligarse del movimiento surrealista y especular, ya sin ficción, en qué sentido la obra de la artista mexicana se podría enlazar con el surrealismo —o con las potencias que en él se encuentran— y lo que ello puede suponer políticamente hoy.

El surrealismo fue el movimiento de izquierdas más importante en Europa, tuvo una influencia no solo en el campo de la producción artística con la aparición de objetos y sensibilidades que buscaban agujerear las estructuras racionalistas de la época, sino también en la política. En su texto de 1928 «El surrealismo. La última instantánea de la inteligencia europea», el filósofo alemán Walter Benjamin encuentra en este movimiento una energía que se abre como la posibilidad emancipatoria necesaria para despertar del peligro de las fauces del fascismo, que, finalmente, terminaron con los sueños libertarios en Europa.

Para Benjamin, «El capitalismo era un fenómeno natural con el que un nuevo sueño se derramó sobre Europa, y a través de él se reactivaron las fuerzas míticas».[65] Estas fuerzas míticas no fueron más que los monstruos que garantizaron un origen para las fuerzas reactivas y conservadoras del fascismo y el nazismo, y organizaron a las masas en torno a un optimismo social y económico, que mantenía intactos los derechos de propiedad y de la producción del capitalismo, mientras destruía los derechos individuales y sociales. Todo ello bajo el encantamiento mítico de la raza y la nación.

El surrealismo fue heredero de dos grandes revueltas del siglo xix, el anarquismo y el esteticismo. Estaba en el centro de la embriaguez, pero siempre bajo el inminente peligro de ser seducido por su propia herencia esteticista y confundir la euforia revolucionaria con la praxis política genuina. Benjamin apuesta por un pensamiento crítico que se apoya en la embriaguez de lo onírico que permitía el surrealismo, pero que no se detiene en su furor y la catarsis, sino que va más allá, va hacia el desencantamiento.

Para Benjamin, conquistar la ebriedad para la revolución era un paso necesario que tenía que ganar la revuelta surrealista. Pero esta tenía que ir un paso más allá, pues el trabajo político implicaba oponerse a los afectos que propugnaba el fascismo, y suponía acercarse a la respuesta comunista sobre la relación entre la política y la moral, lo cual significaba:

---

[65] Walter Benjamin, *The Arcades Project*, p. 393. La traducción es mía.

Pesimismo en toda línea. Así es y plenamente. Desconfianza en la suerte de la literatura, desconfianza en la suerte de la libertad, desconfianza en la suerte de la humanidad europea, pero, sobre todo, desconfianza, desconfianza en todo entendimiento: entre las clases, entre los pueblos, entre este y aquel.[66]

Para Benjamin, lo que permitía el surrealismo era avanzar en la necesaria organización del pesimismo, quizá la única salida al encantamiento nazi. Este era un trabajo comunista ineludible para el pensador, pues solo con esta perturbación podría suceder el despertar. Con él se podrían reventar las mitologías derramadas por la racionalidad occidental, que permitían al nazismo y al fascismo encantar a las masas. Lo que buscaba Benjamin era una revolución copernicana, es decir, la creación de un nuevo paradigma, y encontró posibilidades para sus despertares, o iluminaciones profanas como él las llamaba, en el *kitsch* (baratijas), ya que estos objetos condensaban los sueños capitalistas mientras escondían los modos de producción desde los que fueron hechos; en la arquitectura del siglo XIX, porque las ruinas de los pasajes de hierro mostraban el fracaso de la promesa de la modernidad; en el cine, pues este medio podía articular a las masas en un sentido comunista bajo la politización del arte, es decir, fuera de los conceptos estéticos que se había apropiado el fascismo como la idea de *original* y el *aura*, y, por último, en el surrealismo, ya que en su revuelta permitía la organización del pesimismo para, desde la desconfianza, abrirse al mundo desencantado.

Frida no se identificó como surrealista. No lo vio ni como un movimiento artístico en el que ella quisiera desarrollarse, ni como

[66] Walter Benjamin, «El surrealismo, la última instantánea de la inteligencia europea», en *Imaginación y sociedad, Iluminaciones I*, p. 60.

un grupo político que realmente pudiera enfrentar al fascismo como una organización comunista de vanguardia. Sin embargo, más allá de la propia Frida, y suponiendo que nunca leyó a Benjamin,[67] me gustaría retomar la idea de la organización del pesimismo propuesta por el filósofo alemán, aunque desviándola de su mandato comunista y trayéndola un poco más cerca de nosotras, para vincular una serie de obras de Kahlo.

[67] Aunque Kahlo y Benjamin fueron contemporáneos y pudo haber puntos de contacto, recordemos que Frida leía muchísimo y leía, también, en alemán. Sin embargo, la obra del filósofo era poco conocida en Europa y en América. Su divulgación sucedió hasta que intelectuales sobrevivientes de la guerra, como Theodor Adorno o Hannah Arendt, divulgaron su trabajo cuando migraron a Estados Unidos.

Organizar el pesimismo

Si bien algunas voces han insistido en interpretar, pese a todo, la obra de Frida como alegre y, de alguna extraña manera, como optimista, quizá sería más potente pensarla y afirmarla desde el pesimismo. El suyo es un pesimismo que no se hunde en pulsiones de muerte, sino que desde lo fallido afirma la vida. Una vida compleja, torcida, dolorosa, pero abierta, viva. La fuerza que abre su obra parte de la afirmación, del trabajo con lo que hay, pero eso no la hace optimista, sino que es una obra que organiza el pesimismo para afirmar la vida en su tremenda complejidad. Quizá, en este sentido, la obra de Frida nos acerca más a la figura que evoca la feminista Sara Ahmed de «la aguafiestas».

Las obras de Frida, sus mujeres dolorosas y libres, ella en sus autorretratos, pero también su representación de Dorothy Hale cayendo del rascacielos y mirándonos desde el suelo con unos hermosos ojos abiertos —cuyo cielo y sangre derramada se escapan del marco, porque hay vidas que no se pueden contener en el lienzo—, me recuerdan más a esta organización del pesimismo. Para Ahmed una crítica de la felicidad es una condición necesaria para rebelarse a los lugares y roles que tomamos en las organizaciones dominantes del patriarcado, donde, como en el capitalismo, se operan formas míticas de encantamiento. El pesimismo, o al menos este pesimismo recargado en los movimientos feministas de nuestra época, no supone un regocijo de la tristeza o una mera melancolía sin potencia, sino que es la fuerza de la negación de los estados y roles establecidos como «felices» por los mandatos sociales para poder existir: «Aguar la fiesta [...] supone abrir paso a una vida, hacer lugar a otra vida, a la posibilidad, a la oportunidad».[68]

A veces es necesario huir de la felicidad en nombre de la vida. Huir de los paisajes del capitalismo, de sus promesas de éxito, del confort de la pertenencia. Negar las riquezas, la propiedad, la nación, la identidad. Huir de los lugares que supuestamente garantizan la realización en la identificación a un género: la maternidad, la paternidad, la familia, la sexualidad normativa.

La obra de Frida, en ese sentido, me despierta la embriaguez del surrealismo que reivindicaba Benjamin; sus cuadros, o algunos de ellos, nos despiertan una desconfianza en los lugares asignados que se forma al abrir hacia otras cosas, a otras posibilidades. Mujeres fuera del canon, de lo normativo, de lo pactado. Mujeres bellas y rotas, acompañadas de animales e insectos. Mujeres acariciadas y que acarician, mujeres que mutan en hombres, en animales, en lava.

Es interesante que, más allá de las designaciones y nombramientos de Breton, el surrealismo fue un movimiento que supuso un enorme espacio de creación para artistas mujeres. La historiadora del arte Tere Arcq en su texto «El país de la belleza convulsiva», que es parte del catálogo de la exposición *Wonderland. Las aventuras surrealistas de mujeres artistas en México y en los Estados Unidos*, afirma lo siguiente: «Ningún movimiento artístico anterior

___

[68] Sara Ahmed, *La promesa de la felicidad. Una crítica cultural al imperativo de la alegría*, p. 50.

había integrado a tantas mujeres como lo hizo el surrealismo».[69] En Estados Unidos hubo una explosión en la producción surrealista hecha por mujeres que pronto se expandiría a México con la presencia, temporal o permanente, tras el estallido de la Segunda Guerra Mundial, de artistas como Alice Rahon, Eva Sulzer, Remedios Varo, Leonora Carrington y Kathie Horna. También hubo artistas locales que trabajaron desde las urdimbres del surrealismo, como María Izquierdo —a quien el surrealismo había llegado más bien de la mano de Antonin Artaud—, Lilia Carrillo, Rosa Rolanda, Olga Costa y Lola Álvarez Bravo.

Más que una identificación, encontraban en este movimiento las coordenadas críticas hacia una producción que pretendía desestabilizar sentidos racionales para explorar la libertad, la sexualidad, las construcciones del yo. Es interesante notar en esta inmensa cantidad de obras que, en este surrealismo no nominal o expandido, el retrato y el autorretrato toman una relevancia particular. Quizá eso se deba a que esos géneros permiten desplazar y desarticular las identidades. En los retratos y autorretratos producidos desde el registro onírico, es decir, más cercano a la lógica de los sueños y del inconsciente, se activan fuerzas para cuestionar los saberes, las representaciones dominantes, los lugares pre-asignados. El surrealismo, ya sin necesidad de autorización de Breton, es el espacio, el cúmulo, donde estas mujeres artistas crean mundos más amplios para ellas. Por ello, encuentro que una de las obras más importantes de Kahlo es *Lo que el agua me dio*. Es una pintura surrealista, en el sentido amplio que vimos antes, que revienta el tiempo y reinventa un mundo.

El trabajo de Kahlo sobre el tiempo en este periodo es particular. En su obra, como hemos mencionado, no se trata solo de imá-

---

[69] Tere Arcq, «El país de la belleza convulsiva», p. 75.

genes fijas como instantáneas que buscan capturar todo un hecho, sino que a veces logra un efecto «Aleph», donde todo pasa al mismo tiempo y se despliega de forma expandida. Se dice que la gente que sufre ciertos traumas, como accidentes, registran el hecho de diversas perspectivas y en un tiempo particularmente lento, algo semejante a un registro cuadro por cuadro, casi cinematográfico. Esto sucede porque el cerebro busca recopilar todos los datos posibles para luego registrar aquello que causó el daño y prevenir el peligro por venir.[70] No podemos saber si así fue como Kahlo recordó y elaboró su propio accidente, pero es claro en bocetos y dibujos que muchas veces registraba el adentro y el afuera, así como temporalidades sucesivas que se despliegan en un mismo plano. Ello genera una creación del tiempo que rompe con la linealidad y los supuestos de continuidad de la racionalidad moderna. Por ello, creo que tiene efectos políticos similares a aquellos que buscaba Walter Benjamin con sus «Tesis de filosofía de la historia».

Me imagino a Frida, o la mujer que ocupe su lugar en esa tina, como un ángel de la historia benjaminiano. Acá ya no es un espíritu alado, sino una mujer que ya no se aleja, sino que mira fijamente. Igual que el *Angelus Novus* de Paul Klee que aparece en las tesis de la historia de Benjamin, «en lo que para nosotros aparece como una cadena de acontecimientos, él ve una catástrofe única, que acumula sin cesar ruina sobre ruina y se las arroja a sus pies».[71] La diferencia, en lo que imagino, es que a ella la tempestad ya no la arroja hacia el futuro. En sus pies puede ver el pasado, el presente y lo por venir, y todas sus variaciones y multiversos, todos esos «posibles» que se despliegan al infinito, todo reunido en un charco de agua. En este cúmulo abre a una futurabilidad, futuros

---

[70] Anas Bukhash entrevista a Mel Robbins, «#AB Talks with Mel Robbins», minuto 12:41.

[71] Walter Benjamin, «Tesis IX», «Tesis sobre la historia», *Ensayos escogidos*, p. 47.

inscritos como posibilidades inmanentes, que no sigue la temporalidad del progreso, sino la de despertarse a la posibilidad de la vida, una vida que valga la pena ser vivida y que puede estar contenida en cualquiera de sus posibilidades. Esa vida todavía no puede ser (pero existe como posibilidad de futuro), por ello está fragmentada y rota. No hay optimismo con la imagen que nos arroja, el paisaje es arduo y, sin embargo, bello. Su pesimismo nos protege, como un amuleto, contra el encantamiento.

Es quizá desde este pesimismo que podamos aceptar la vida, sin leyendas, ni mitos, ni teleologías. Así nada más, como «viene siendo». No se necesita ninguna fábula porque no es necesaria la didáctica, cada una vive como puede, y eso ya es bastante. Celebramos lo que nos dio el agua, sus suavidades y viscosidades y sus muchos estallidos. Una vida sin linealidades ni promesas.

Esta es sin duda una ficción especulativa, pero si Benjamin vio en la pintura de Klee la posibilidad de despertar a la catástrofe de la modernidad, yo veo en la de Kahlo a la aguafiestas que abre hacia la futurabilidad negada por el tiempo del capitalismo, y lo hace con una suavidad y dulzura sorprendentes.

VI

Autorretrato con el pelo cortado.
La disolución *queer*,
la liberación del «da lo mismo»

Un autorretrato que me parece importante analizar para revisar estas tensiones en la propia identidad de Kahlo y ver cómo la acción de autopresentarse le sirve de herramienta para producir rupturas e imaginarios de nuevas identidades es la obra *Autorretrato con pelo cortado* de 1940. En ella se presenta de manera completamente disruptiva de su imagen más femenina. En el cuadro se muestra sentada en una silla de mimbre y viste una camisa entre púrpura y magenta, y un traje gris azulado de dos piezas de corte amplio y más bien masculino. En una de sus manos sostiene unas tijeras que se recargan en su muslo y restos de cabello cortado, seguramente por esas tijeras, se revuelven en el piso y la silla. El pelo está cortado a ras de cráneo y el único adorno que lleva es un pequeño arete que le cuelga de una oreja. Su rostro, sin los cabellos largos que peinaba en trenzas o dejaba suelto con hermosos arreglos de listones y flores, se muestra serio. Quizás altivo, pero sereno. La cintilla en la parte de arriba, en resonancia con los exvotos, reza: «Mira que, si te quise, fue por el pelo, ahora que estás pelona, ya no te quiero».

Esta pintura fue realizada en 1940, año en que se divorció de Rivera. Es uno de los pocos retratos de ese periodo. Más allá de lo complejo de su relación y de lo dramático de sus rupturas (que fueron varias), me interesa señalar la fuerza de esta obra porque también es un periodo de gran autonomía. Un desagarro que supone, en la producción de ella misma, la posibilidad de otra forma de subjetivación, de ser y estar en el mundo. Cuando digo subjetivación me refiero a una serie de actos de enunciación y visibilidad que permiten un campo de experiencia dada.[72]

En esta figuración Kahlo abandona los adornos y los elementos de lo femenino para presentarse bajo otra encarnación de sí misma. Una que deja fuera el proyecto político de «lo mexicano», donde renuncia a los elementos étnicos y de clase en la vestimenta, así como los de la caracterización de la mujer, bella y temible. En este autorretrato se presenta más allá de todo eso, se asume desde la fuerza de una *ella* que deviene más *ella misma* al ser también *él*.

El texto en la cintilla, que al parecer retoma una canción popular —aunque algunos investigadores señalan que es un verso de un romance del siglo xv—, no sabemos a quién se dirige. Puede que sea una provocación al propio Rivera y un cuestionamiento de los elementos que este amaba de ella, o por los que ella creía que la amaba, o también puede estar dirigida a ella misma, a alguna de sus ellas. En cualquier caso, supone un enfrentamiento a la subjetividad femenina de la época. Un posicionamiento ante la ambivalencia en la que se constituyó. Por un lado, en sus cartas se puede leer una devoción, el infinito deseo de ser amada, de ser lo suficiente para «ellos». Una y otra vez repite —a veces lastimeramente y otras tantas con el agudo sentido del humor que también

---

[72] Estoy tomando la idea de *subjetivación* desde la crítica de Michel Foucault a la noción de *sujeto*. El *sujeto* se concibe no como un individuo sino como instancia histórica que se produce bajo una *subjetivación*, es decir, una serie de actos de enunciación y visibilidades que son históricas. Esta subjetivación es la que conforma un campo de experiencia específica.

la caracterizaba y que es constante en sus diferentes correspondencias[73]— su necesidad de ser querida, sus ganas de serlo y darlo todo. De ser lo que «ellos» querían que fuera: la amante, la esposa, la madre, el gran y único amor. Por otro lado, también está presente el deseo de libertad, su profunda necesidad de hacer lo que quiere, de no rendir cuentas, y también de experimentar el placer y su sexualidad como ella quisiera y con quien quisiera, hombres y mujeres. De amar a sus amigas y amigos, a sus animales, a su trabajo; amarse a sí misma y generarse como persona, más allá de los roles de género y determinaciones de la época.

Es interesante notar,[74] como lo explora Cristina Rivera Garza en la lectura de Juan Rulfo que hace en *Había mucha neblina o humo o no sé qué*, que la sexualidad, sobre todo la femenina, fue un tema importante para la literatura y el arte en general en el México del siglo xx:

Justo en la mitad del siglo xx, cuando la migración campo-ciudad empezaba a configurar la gran megalópolis y los crecientes índices de producción hacían pensar a más de uno en un milagro econó-

---

[73] La importancia de sus cartas es mayúscula. No es solo parte de la documentación de su vida sino parte del despliegue de su pensamiento, de su creatividad y de la invención de una voz y un mundo literario. Respecto a este tema el prólogo del filólogo Antonio Alatorre, que me fue amorosamente señalado y referido por la editora de este libro Nayeli García, a la edición de *Escrituras* es contundente. Ante la petición de Raquel Tibol de autorizar una lectura literaria en las cartas de Frida, Alatorre no pudo más que notar el peculiar estilo de Kahlo donde el pintoresquismo de su lenguaje no solo suponía un uso lúdico, sino una expresión de lo intensamente personal. La obra escrita de Frida es parte de una creación que, como su obra pictórica, tiene dimensiones llenas de ternura, de humor, de tristeza, de furia. Véase: Antonio Alatorre, «Prólogo» en *Escrituras,* edición de 2004.

[74] Agradezco mucho a Emiliano Monge haberme señalado esta lectura de lo *queer* en la interpretación de Rulfo de Rivera Garza.

mico, Octavio Paz publicó *El laberinto de la soledad*, en cuyos capítulos el joven pensador expuso la sexualidad femenina como pasiva y abierta a la violencia a través de la figura histórica y mítica de la Malinche.[75]

Afortunadamente no solo apareció esta lectura onto-nacionalista de la sexualidad, sino que voces críticas y disidentes, como las de Rosario Castellanos o la del propio Rulfo, configuraban otros paisajes, unos hechos de mujeres con deseo y otros en los que las masculinidades, sobre todo rurales, se conforman de manera más suave, más borrosas, más *queer*. En *Pedro Páramo*, cuando el personaje Juan Preciado llega a Comala para buscar a su padre, hay un diálogo, que la escritora Rivera Garza cataloga como el gran momento *queer* en la literatura mexicana: Preciado le dice a Dorotea: «¿Dices que te llamas Doroteo?» y la voz responde, «Da lo mismo», para momentos después decir, «Aunque mi nombre sea Dorotea. Pero da lo mismo».[76]

Kahlo es parte de esta generación de artistas que, en su obra, y en su caso también en su vida, fueron transformando las coordenadas para constituirse y desplegar sus experiencias de sí mismas y del mundo desde otras cartografías. En ellas aparecieron identidades más difusas, más holgadas, más permeables. Por entre esos huecos y grietas se posibilitó que la normativa se disolviera, no necesariamente fue una transformación e identificación militante, sino una suave disolución *queer* en un: «Da lo mismo».

En el caso de Frida, me parece que ese deslizamiento hacia una subjetivación más borrosa, no en un sentido masculino, pero sí más porosa e inquietante para una cierta identidad fija de lo femenino

---

[75] Cristina Rivera Garza, *Había mucha neblina o humo o no sé qué*, p. 181.
[76] *Ibidem*, p. 181.

bajo el mandato patriarcal, se puede palpar de manera radical en su pintura de 1939, *Las dos Fridas*. La obra fue adquirida por Fernando Gamboa para apoyar a Frida en su nueva e independiente vida económica y es uno de los pocos de la artista dentro de la colección del Museo de Arte Moderno. En este autorretrato, uno de los más icónicos, se despliega en espejo una especie de dualidad que se abraza a sí misma. Sobre un cielo nublado y tormentoso que parece venirse encima, sentadas en un banco de mimbre verde, dos mujeres se toman de la mano.

Son la misma, pero son diferentes. Una, la del lado izquierdo para quien mira, está vestida con traje tradicional tipo victoriano, una blusa de encaje blanco y una falda lechosa de fondo lavanda y, la otra, a nuestro lado derecho, con un traje de tehuana, unas enaguas verdes y una blusa azul que contrasta con las nubes. Los corazones de ambas están a la vista, pero el de la mujer ataviada de forma conservadora está desgarrado y con una arteria cortada que sangra. Parece que ella misma la cortó, pues sostiene unas tijeras quirúrgicas en la mano. Su vestido combina pequeños adornos de flores con manchas de sangre, que casi se confunden. La otra Frida soporta en su mano un pequeño camafeo con una imagen de un niño, el propio Rivera. Ambos corazones están conectados.

En una carta del 25 de octubre de 1939 al señor Alfonso Manrique, Frida expone de manera extensa su proceso e «intención» en la pintura de *Las dos Fridas*:

El hecho de haberme pintado dos veces, juzgo que no es sino la representación de soledad. Es decir, recurrir a mí misma buscando mi propia ayuda. Por esa razón las dos figuras se dan la mano. La diferencia en el estilo de los dos trajes creo que no tiene la mayor importancia que la del color y la de la forma. El objeto más vivo del cuadro son los corazones que unidos por arterias imaginarias se vuelven uno solo. La arteria que baja por el brazo de la Frida vestida de tehuana no se rompe, porque al llegar a la mano que sostiene un medallón donde pinté el retrato de Diego cuando era niño, envuelve el óvalo del retratito, sin dejarle salida a la sangre. En la otra figura, una de las arterias sí está rota, y el deseo de contener la sangre la representé en una forma completamente mecánica, con las pinzas de cirujano que una de mis manos sostiene, y que cierran la corriente, permitiendo la vida de nuevo. El fondo del cuadro, donde las dos figuras están en primer término, es simplemente un cielo que nada tiene de alegre. Por lo poco que puedo explicarle, pues todos los motivos realmente vivos del cuadro son sin duda, subconscientes [*sic*], creo que el objeto claro de esta pintura es la relación entre mi vida interna y Diego. El deseo de externar con colores y formas lo que no podría con palabras, y también el placer magnífico de pintar por pintar, no importa qué.[77]

Esta pintura se ha leído como el testimonio de su tristeza y desolación ante la separación de Diego. El uso del corazón desgarrado es bastante evidente y la metáfora no ofrece mucha ambigüedad. Sin embargo, la pintura y su declaración nos dicen otra cosa también. Los rostros lucen serenos, quizá está por caerse el cielo, pero ella se toma la mano y con ella misma, con sus ellas y múltiples ellas que ha sido, pasará la tormenta. Esta pintura insiste en, como ella dice, permitir la vida de nuevo. Y lo hace desde la fuerza del placer, del inmenso goce de pintar, del «no importa qué». Y ahí hace aparecer la dicha. La dicha, como dice la filósofa Isabelle Stengers en su importante ensayo *En tiempos de catástrofes,* no es solo un sen-

---

[77] Frida Kahlo en correspondencia al señor Alfonso Manrique fechada en Coyoacán, D.F., el 25 de octubre de 1939, Colección Museo Frida Kahlo. Expuesto en la exposición *La Casa Azul,* Museo Frida Kahlo, Ciudad de México, vista el 4 de abril de 2024.

timiento, sino (siguiendo a Baruch Spinoza) una potencia: en el pensamiento, en la imaginación. Stengers dice: «La dicha, podría decirse, es la firma del acontecimiento por excelencia, la producción-descubrimiento de un nuevo grado de libertad, que confiere a la vida una dimensión suplementaria, que por eso mismo modifica las relaciones entre las dimensiones ya habitadas».[78]

Esta dicha, que no habrá que confundir nunca con optimismo, es una experiencia de la libertad que me refiere a una subjetividad *queer*. Es la misma noción que en las batallas por las identificaciones de las luchas de género se negó a identificarse con «lo alegre», por uno de los sentidos de la palabra *gay* en inglés, y más bien viró a «lo extraño», a «lo raro», como una forma de no encasillar el deseo. Esa potencia, que abre lo que sea que tenga que abrir desde el goce, la encuentro en la obra de Kahlo y desde ella se propaga ese deseo de libertad, que tomará distintas consistencias y dimensiones, en ella y en otras.

La obra de Frida ha influido a cientos de artistas, desde sus contemporáneas a las nuestras. Algunas han retomado sus temas y muchas otras han replicado y reconstruido sus obras. Me interesa detenerme en la pieza de la artista peruana Daniela Ortiz que en 2021 realizó la pintura *Patria Potestas. Jus Sanguinis* para la exposición *Maternar. Entre el síndrome de Estocolmo y los actos de producción*.[79] Ortiz es una artista que lleva años denunciando en su obra y su activismo el racismo institucionalizado en España, país en el que vivió durante muchos años.

Tras el nacimiento de su primer hijo, este trabajo se focaliza en entender y denunciar cómo este racismo se traduce y se imple-

---

[78] Isabelle Stengers, *En tiempos de catástrofes. Cómo resistir a la barbarie que viene*, p. 156.

[79] La obra puede verse en el sitio web de la artista https://www.daniela-or tiz.com/newpage.

menta en las leyes, como la de *jus sanguinis*, que otorga la ciudadanía por derecho de sangre. Es decir, solo si la persona que nace tiene, y puede demostrar, «sangre» española (el plasma como lazo original con un territorio), tendrá acceso a la ciudadanía, independientemente de haber nacido o no en el país español. En la exposición de *Maternar* se presentó el video, hecho en 2016, de un performance que Ortiz realizó mientras estaba embarazada de siete meses y se hizo, en vivo, una transfusión de sangre con un ciudadano español para exigir, con esa sangre española ahora fluyendo en su cuerpo, la nacionalidad para su hijo. Parte de la pieza también fue una pintura que replicó y retomó a Frida.

En el óleo de Ortiz se replican y se actualizan *Las dos Fridas*. En él se ven dos mujeres sentadas, ahora en diferentes bancos. Una (la del costado derecho para nosotras) está embarazada, y la otra (del lado izquierdo) está sin gestar. La primera tiene los ojos cerrados y la otra, abiertos. Ambas tienen el pelo trenzado. Al lado de la mujer embarazada hay un par de fetos, uno flota por el cielo cerca de una mano que muestra su palma con una herida en el centro y el segundo, de cabeza, está todavía unido a la madre con el cordón umbilical. De él cuelga un pasaporte europeo. Al costado de la otra mujer se ve una balanza de la ley, un feto en formación encadenado a un candado cerrado que se conecta con unas células. De ellas cuelga un papel que dice «Patria Potestad Patriarcal. Por la sola presencia de ADN es propietario del menor aquel varón blanco que a pesar de no cumplir con la responsabilidad de criar puede controlar tanto al menor como madre». Debajo de ambas mujeres hay una cintilla, como la de la pintura de *Autorretrato con pelo cortado* de Kahlo, que dice:

Del poder colonial emana la Patria Potestad para controlar y maltratar a wawas y madres al criar. El Padre o el Estado los podría separar además de judicializar infancia y maternidad. Así mismo a pesar de en el territorio europeo nacer son miles los bebés que el *Jus Sanguinis* expondrá a la fuerte crueldad de la ley de extranjería colonial sin poder acceder a residencia ni nacionalidad y así someter su infancia al racismo institucional. En el año dos mil diecisiete de mi vientre llegó mi hijo Inti Puma con un profundo amor que pudo derribar el terrible dolor que nos trataron de imponer.

Las mujeres, que también se toman de la mano, no están conectadas por el corazón. Solo las manos las mantienen unidas. La obra retoma *Las dos Fridas* como recreación del juego de autorretrato de la artista en espejo, y también conecta con un estilo pictórico de Ortiz, que ha buscado en el estilo popular de las pinturas coloniales tradicionales peruanas un espacio de plasticidad para su fuerte crítica al racismo contemporáneo.

Con esta pintura la artista anuda y critica las dinámicas del amor romántico con las estructuras jurídicas en torno a la patria potestad. Cuando invitamos a Daniela a participar en la exposición de *Maternar*, ella nos dijo que quería producir esa pintura retomando la obra de Kahlo. A nosotras nos preocupó caer en el cliché. Al tiempo de esa conversación, visité el Museo de Frida Kahlo en la Ciudad de México y vi una reproducción de *Mi nacimiento*. La obra me conmovió profundamente, por un momento fantaseé que fuera esta pieza la que abriera la muestra. Nuestra exposición, sin embargo, se restringía a la producción del siglo XXI, y la inclusión hubiera implicado otro proyecto. No obstante, la conmoción que supuso ver este cuadro, que yo no recuerdo haber visto antes, o no de manera consciente, me convenció de seguir la intuición de Ortiz y ver a dónde la llevaba esa necesidad de rendir homenaje, a la vez que continuar la provocación de *Las dos Fridas*.

Personalmente, con la obra de Ortiz vi esa obra de Kahlo con otros ojos, entendí una enorme compasión que emergía de ella. En su pintura, Daniela también cuida de sí y, por su maternidad y la lucha que le supuso, se reconcilia con esas ellas que ha sido. Ella, que creyó en el amor romántico y la otra que batalla con las leyes del patriarcado, que con la justificación del «amor» siguen sometiendo a las mujeres a formas de propiedad. Ellas están juntas, no hay culpa, solo una solidaridad y un amor propio que sostiene para seguir viviendo.

Volviendo a Frida, en México, ser mujer y ser libre ha sido siempre un peligro, y en su tiempo también lo era. Aun así, en las limitaciones de las propias configuraciones subjetivas del amor romántico y de las condiciones y los condicionamientos de su relación, encontró la libertad de transitar, de experimentar una existencia no convencional. De tener diferentes amores y amantes, tanto mujeres como hombres; amores, muchos, suaves y, también, intensos. De estar sola y, también, de volverse a casar con el mismo hombre que tanto la había lastimado, bajo otros acuerdos, quizá más favorables para ella.

No me interesa juzgar la relación de Diego y Frida, aunque es difícil no mencionarla pues, por un lado, como ya vimos, hay elementos centrales estético-políticos compartidos y, por el otro lado, ellos mismos hicieron de su relación un modelo para el *power couple*. En su casa de Coyoacán, en la que no vivieron todo el tiempo, pero sí por periodos importantes, uno no deja de encontrar corazones con sus nombres entrelazados. En su acervo, hay fotografías dedicadas, retratos hechos por ella de él, retratos de él hechos por ella. Sus diarios y sus cartas no dejan de hablar de uno y la otra. Se amaban y se adoraban, se desesperaban y detestaban, a ratos, también. Tengo en la cabeza haber visto, aunque nunca lo volví a encontrar, el registro en película del momento en que cremaban el cuerpo de Frida y Diego se aferraba a ella en un llanto que me conmovió hasta los huesos y todavía no puedo olvidar.

Sin duda, fue una relación creativa y destructiva, con muchísimo amor y también con una gran brutalidad. Estaban en el remolino de estar experimentando con formas más libres de amar, al tiempo que todavía estaban sometidos a estructuras sociales conservadoras. Creo que muchas podemos identificarnos con ese choque, con ese derrumbe. Sin embargo, lo que me interesa en estas obras, más allá de las anécdotas que no me concierne repetir, es cómo Kahlo se vuelca a una experimentación, a la multiplicidad, a la fluidez, a ser ella, pero ser muchas, a cambiar y transformarse. Ella volviéndose múltiple, a veces bajo las figuraciones femeninas, otras, desde las masculinas; a veces desde la fusión con el sujeto político mexicano, otras en un devenir vegetación y animal. Ella estando enferma, existiendo en su dolor y levantando desde este la alegría, mucha o poca, que se pudo. Ella rota en mil pedazos, cayendo para siempre. Ella sin pie, pero «con alas para volar». Ella mostrándose vulnerable y fuerte; sometida y libre a la vez.

La ambivalencia de Kahlo no la hace menos interesante, al contrario, la muestra en la complejidad de las batallas, las luchas y las creaciones que todas tenemos que hacer para navegar las construcciones históricas y sociales que se nos imponen. Desde donde establecemos una identidad, y su caída o sus múltiples caídas. Su obra, que no su ser ícono o celebridad, es el centro gravitacional desde el que se diseminan intensidades y afectos, temporalidades por venir. Son revoluciones. No como las que imaginaba y proyectaba Rivera —que nunca se materializaron habrá que decir—, sino transformaciones en el campo subjetivo. Desde de lo íntimo, la fuerza que está en su obra acompaña, desata y multiplica luchas que ahora mismo están sucediendo y desde las que confrontamos nuestra vulnerabilidad y nuestro deseo de libertad. Es quizá ese poder lo que la ha empujado en el tiempo. La intensidad que la sigue conectando, más allá del personaje y de la mercancía, con un público joven, *queer*, enfermo, viejo, rebelde, deseante.

VII

La columna rota.
La potencia de la mujer enferma

Abro un libro sobre Frida en la sección de niños de la biblioteca del Museo de Bellas Artes de Houston,[80] en una ilustración de su accidente en el autobús hay una imagen gráfica del cuerpo de una mujer en donde se marca cada una de las fracturas que tuvo. En la nota explicativa se lee: «Frida's pain inspired her». Para luego anunciarnos que la artista realizó más de cincuenta obras mostrando sus heridas. ¿Realmente uno necesita visualizar todas sus lesiones en una representación del cuerpo humano para poder imaginar su condición? Uno de los temas más presentes al hablar de Frida es su enfermedad. Esta atraviesa la vida y la obra, en esa mescolanza compleja que se ha solidificado en el ícono. La referencia se vuelve obsesiva, repetitiva.

Es cierto que resulta innegable que su experiencia como mujer enferma es parte central de su trabajo. Explícitamente lo encuentro en *Dibujos del accidente* (1926), *Dibujo autorretrato sentada con el pie vendado* (1931), *Sin esperanza* (1945), *El árbol de la esperanza* (1946), *Autorretrato con el Dr. Juan Farill* (1951) y *El Marxismo dará salud a los enfermos* (1954). Quizá la pintura que

---

[80] Button Books Team, *Great Lives in Graphics: Frida Kahlo*.

marca un parteaguas en la elaboración visual de su enfermedad es *La columna rota* (1944). Si bien ya en *Recuerdo de una herida abierta* (1938) hay un claro comentario y una creación plástica de su herida en la pierna y el pie que le causó problemas después del choque en el autobús, es hasta la pintura de 1944 que presenta de manera contundente su condición enferma.

En el autorretrato ella está de pie con un corte que la abre de la garganta al vientre. Su columna vertebral está rota, es una columna de estilo jónico fracturada en muchas de sus partes y se sostiene en un equilibrio casi imposible con ayuda de un corsé que mantiene todo, apenas, en su lugar. En el cuadro, su piel está cubierta de cientos de clavos que la abren y la hieren. En su rostro ni siquiera hay horror, sino más bien un gesto de terrible e interminable cansancio, ese que se intuye que viene de lejos y no hay horizonte de que vaya a parar. El paisaje árido genera una atmósfera sofocante y paralizada. Como si esa sensación fuera la totalidad del tiempo. Y es precisamente eso lo que produce una enfermedad crónica, un tiempo tomado, ocupado, intensidades temporales que fluctúan, pero en las que la enfermedad está siempre presente. En la mayoría de los casos no hay cura, sino un complejo aprendizaje de vivir *con* la enfermedad, *en* la enfermedad.

No me parece preciso decir que su dolor «la inspiró». No hay manera de saber lo que le hizo su dolor. Pero lo contundente es que con su trabajo hizo de la enfermedad un lugar posible donde aceptar la vida. Y ahí es quizá donde se propaga su obra, donde su pintura y ella como artista se vuelven una apertura política. Hacer la vida compatible con la enfermedad es quizá lo más importante que nos da la obra de Kahlo.

Lo que ya se sabe: cuando fue niña sufrió poliomielitis, lo cual la dejó con una pierna más corta que otra. En 1925 chocó el autobús en el que viajaba, su columna vertebral se rompió en tres puntos de la región lumbar, también se fracturó la clavícula y la tercera y cuarta costillas. Su pierna derecha sufrió once fracturas y el pie izquierdo quedó aplastado y dislocado; el hombro izquierdo fuera de lugar y la pelvis rota. Una barra de acero la atravesó a la altura del abdomen. Del accidente ella dijo: «Fue un choque extraño, no fue violento, sino sordo, lento y maltrató a todos. Y mucho más a mí».[81] Se dice que tuvo escoliosis y uno de sus doctores más cercanos, el doctor Eloesser, afirmó que en realidad no había tenido polio y que sus dolores no eran a causa del accidente, sino que tenía espina bífida, una malformación de nacimiento. En la correspondencia entre Frida y él se puede leer una suerte de expediente de sus enfermedades y síntomas a lo largo de los años, de los múltiples tratamientos y operaciones a los que se sometió. En una de sus cartas el doctor le dice: «Me contó Lupe que te han vuelto a operar. China linda, aunque seas azteca no conviene que te inmoles de esa manera. ¿Estás pintando?».[82] Tuvo una úlcera trófica en el pie; sufrió de problemas gástricos severos, que la llevaron a una fuerte pérdida de peso, quizá por el uso de corsés que le paralizaban el intestino, otros dicen que era anorexia. Se dice que tuvo una fuerte adicción a los medicamentos contra el dolor y al alcohol. Se comentó de su volátil estado emocional y mental, sobre todo al final de su vida. En 1945 le realizaron una fusión de columna en la que le colocaron una barra de metal como soporte vertebral. A lo largo de su vida se sometió a más de treinta cirugías, muchas de ellas quizás innecesarias, pero siempre con la promesa de que la ayudarían a estar mejor; en 1953 le amputaron la pierna por gangrena y pasó todo un año viviendo en el hospital. En 1954 murió, oficialmente de una embolia pul-

[81] Raquel Tibol, *Frida Kahlo: crónica, testimonios y aproximaciones*, pp. 28 y 31.
[82] Frida Kahlo y Leo Eloesser, *op. cit.*, p. 265.

monar, muchos especulan que se suicidó, aunque por su imposible estado de salud, quizá sea más correcto imaginarlo —o desearlo— como una muerte asistida.

Frida Kahlo fue una mujer enferma. Pero ¿qué quiere decir y cómo pensar *con* y *en* esta afirmación?, ¿cómo hablamos de ello sin morbo?, ¿es posible utilizar su enfermedad para ir más allá de lo individual, hacia una condición colectiva?, ¿no es en realidad por lo que nos obsesiona Frida, porque en ella nos vemos enfermas también y ahí nos consolamos y nos dignificamos?

En 2014, al tiempo de las movilizaciones de *Black Live Matters* en la ciudad de Los Ángeles, Johanna Hedva comenzó a escribir el texto «Teoría de la mujer enferma». En él explora lo que es una mujer enferma en términos políticos, y plantea la pregunta: «¿Cómo arrojas un ladrillo a la ventana de un banco si no puedes salir de la cama?».[83] Este cuestionamiento le permite dinamitar la idea de la política como «irrupción en el espacio público», una forma de *aparición* que, según Hannah Arendt (una de las pensadoras más importantes y centrales para redefinir lo político más allá del Estado), es la condición misma de la política.[84] Hedva cuestiona

[83] Johanna Hedva, «Sick Woman Theory», *Tropical Cream*. La traducción es mía.

[84] La *aparición* no es un problema de visión, sino la posibilidad de la política. Condición necesaria para construir lo que Hannah Arendt llama «la realidad», un mundo común, un mundo en-común que nos junta y a la vez nos separa. Más allá, y rompiendo con cualquier fundación de la política basada en la naturaleza del hombre, el contrato social, la vida familiar o el origen de la comunidad, por la posesión de lenguaje para describir lo justo y lo injusto, el mundo común es el que se construye como espacio de aparición. Así lo define la propia Arendt: «El espacio de aparición cobra existencia siempre que los hombres se agrupan por el discurso y la acción, y por lo tanto precede a toda formal constitución de la esfera pública y de las varias formas de gobierno, o sea, las varias maneras en las que puede organizarse la esfera pública. Su peculiaridad consiste en que, a diferencia de los espacios que son el trabajo de

esta organización siguiendo muy de cerca el pensamiento de la filósofa Judith Butler, porque justamente lo que los planteamientos de Arendt no toman en cuenta es la vida y la precariedad de todas aquellas personas que no pueden participar del «espacio de aparición», aquellas que están encerradas, que literalmente no aparecen. Que no pueden salir de una cama, de una habitación, de una casa, de una cárcel. Todas aquellas que son invisibles, no por sus capacidades mágicas de desaparecer, sino que no son vistas; porque no pueden aparecer en este régimen de visibilidad específico. Porque no hay las condiciones de aparición, porque según el régimen de visibilidad actual no están, no existen, no valen:

Teoría de la Mujer Enferma sostiene que el cuerpo y la mente son sensibles y reactivos a regímenes de opresión, particularmente nuestro régimen actual neoliberal, de supremacía blanca, imperialista-capitalista, cis-heteropatriarcal. Teoría de la Mujer Enferma argumenta que todos nuestros cuerpos y mentes acarrean el trauma histórico de la opresión, y aunque se manifieste ello de manera diferente, estas diferencias no deben ser borradas o aplanadas en una condición totalizante. Teoría de la Mujer Enferma declara que *el mundo en sí mismo* es lo que nos vuelve y mantiene enfermas.[85]

Las mujeres enfermas son muchas: las racializadas, las sexualizadas, las ambiguas en su identificaciones e identidades de género, las fluctuantes, las que se transforman para serlo; las

nuestras manos, nos sobrevive a la actualidad del movimiento que le dio existencia, y desaparece no solo con la dispersión de los hombres —como en el caso de grandes catástrofes cuando se destruye el cuerpo político de un pueblo—, sino también con la desaparición o interrupción de las propias actividades». Hannah Arendt, *La condición humana*, p. 225.
[85] Johanna Hedva, *op. cit.*

madres solteras, madres solas, madres cansadas, madres exhaustas, madres con hijos, hijas, hijes; madres buscando, rastreando a sus personas desaparecidas; mujeres enfermas de miedo, de no llegar a fin de mes, de no tener refugio, de ser acosadas, hostigadas, violadas, asesinadas; mujeres desesperadas por no tener acceso a las infraestructuras básicas de sobrevivencia, de no tener seguro médico, de no tener independencia económica; mujeres atrapadas en relaciones imposibles, en lugares en guerra, en zonas de conflicto; mujeres que migraron y son perseguidas, son aquellas desplazadas, las que viven con la tierra quemada, dañada, contaminada. Soy yo con una depresión que no pasa, es mi amiga que murió de cáncer, mi amiga con endometriosis, mi amiga con anorexia, mi amiga con ataques de pánico, mi amiga con esclerosis múltiple, mi abuela y mi madre con diabetes, mi amiga que, pese a los años de revisiones y tratamientos, no tiene diagnóstico para su enfermedad.

El término *mujer* en el texto de Hedva es usado de manera estratégica. Para *elle*, pronombre con el que se identifica, el concepto *mujer*, aunque es problemático en los usos que excluyen a personas no binarias y transexuales, es también un sujeto-posición y una referencia a lo particular: «Escogí utilizarla porque aún representa simbólicamente a las descuidadas, las secundarias, las oprimidas, las no-, las des-, las menos-que». Para Hedva la palabra carga la fuerza de esa amiga que decidió asumir el pronombre, sin hormonas, ni cambio de sexo, por la mera fuerza que abre la subjetivación. Ella. Mujer. En ese sentido, no debe leerse como una negación a los otros y otres. Es una articulación que abre espacio para cualquiera que ha tenido una existencia violentada, negada e invisibilizada por el régimen estético y político en el que vivimos. Porque, sobre todo, para Hedva, la mujer enferma es aquella que el capitalismo necesita para perpetuarse.

El texto de Hedva se convirtió en una herramienta para muchas de nosotras antes, pero de manera radical, en la pandemia provocada por el virus de covid-19. En las que tantas perdimos, o más bien terminamos de perder, la salud física, emocional, mental. Su texto nos ha permitido abrir conversaciones sobre la enfermedad. Entender que esta noción también es una forma de describir y ordenar el mundo que deja fuera a muchas para realizar una de las operaciones centrales del capitalismo: el trabajo. Muchas no es que tengamos enfermedades que nos hagan imposible la vida, es que nos hacen irrealizable esta vida. Esta vida en que hay que ser apta para los ritmos y normativas de la productividad. Esta forma de vida es, la que, en algunos de los casos, nos enferma. Lo otro, las condiciones específicas de nuestros cuerpos, a veces solo proponen otros tiempos y otras espacialidades, otras formas de cuidado. Unas que no siempre son compatibles con los lugares y tiempos en los que vivimos.

En otros casos, es la enfermedad la que impone otras nociones de vida, unas que tengan otras lógicas, otras políticas. Alguna que permita una existencia fuera de este régimen para no ser solo las invisibles, sino otra cosa. Por ello, lo que se juega en repensar la enfermedad, es mucho. Es una apertura para otra política, una política en la que al centro esté nuestra vulnerabilidad, nuestras vulnerabilidades, para que sean ellas las que definan el tiempo y el espacio, las sensibilidades y lo sensible. Para Hedva es claro que:

La protesta más anti-capitalista que se puede hacer es cuidar de otra persona y cuidar de ti misma. Hacerse cargo de la práctica históricamente feminizada (y por lo tanto invisible) de asistir, nutrir, cuidar y preocuparse. Tomarnos en serio en cuanto a nuestras vulnerabilidades, fragilidades y precariedades, y apoyarlo, honrarlo, respetarlo, empoderarlo. Protegernos mutuamente, promulgar y practicar comunidad. Un parentesco radical, una sociabilidad interdependiente, una política de cuidado.

Porque, una vez que estemos todas enfermas y confinadas a la cama, compartiendo nuestras historias de terapias y confort, formando grupos de apoyo, siendo testigos de historias de traumas ajenos, priorizando el cuidado y amor de nuestros enfermos, adoloridos, caros, sensibles y fantásticos cuerpos y cuando no haya nadie disponible para trabajar, quizás entonces, por fin, el capitalismo emitirá un chirrido al lograr su necesitado, atrasado y jodidamente glorioso alto.[86]

Insistir en la enfermedad se vuelve radical cuando el sistema global en el que vivimos quiere erradicarla, borrarla, minimizarla para poder despreciar a las personas enfermas, separarlas y anularlas al tiempo que se alimenta económicamente de su condición. No se puede pasar por alto que las industrias farmacéuticas y de la salud[87] son dos de los pilares económicos del capitalismo actual, por ello, hablar de la enfermedad se vuelve uno de los ejes más importantes de las luchas de nuestro tiempo. La enfermedad, mirada en esta perspectiva, nos recuerda que no es que nosotros estemos «mal», es el mundo el que debe y puede cambiar.

Es quizá por ello que la obra de Kahlo se *me* volvió importante, precisa, necesaria. Todavía, ya empezada esta investigación, me daba mucho pudor acercarme a su enfermedad. Me preocupaba que señalarla, repetirla, fuera una manera de seguir creciendo ese monstruo que se ha vuelto Frida como personaje. Que insistir en

---

[86] *Ibid.*

[87] En cada vez más lugares en el mundo no hay un acceso público a la salud. Se ha privatizado, bajo la idea de amortiguar los gastos del Estado, mientras que las aseguradoras, para aquellas y aquellos que pueden pagarlo, se encargan de negar y rechazar tratamientos.

su dolor le quitaba fuerza a su importancia artística, sin embargo, hubo personas que me mostraron su poder y la necesidad de abrirla también desde ahí, de nombrarla, de decirla en su condición, porque no es solo la de ella, es la de muchas.

Prishani fue la primera que me enseñó otra mirada sobre Frida, y con ella leí este texto de Hedva en varios de los seminarios y talleres que hicimos. Cuando vino a la Ciudad de México, habíamos organizado una escuela de verano en la costa de Veracruz en uno de los puntos bajos de la pandemia en el verano de 2021, le pregunté qué quería hacer y me dijo que ir al Museo Frida Kahlo. Ante mi sorpresa y mi probable mueca me dijo que le gustaba mucho la obra de Frida y que era una acompañante para ella cuando estaba enferma. Si Frida había pintado esos cuadros bellos estando enferma, me dijo, ella también podría hacer lo propio. En su caso, su trabajo consistía, desde la academia y los movimientos sociales en los que participaba en Sudáfrica, en pensar formas de lo político que tuvieran al centro la vida. La lucha era, ella pensaba, por la vida, por una vida digna de ser vivida. Para ello habría que usar todas las herramientas que tuviéramos a la mano: la movilización social, la ocupación, la huelga, la poesía, el arte, la música, los contrarritmos, los fantasmas y todos los monstruos que pudiéramos invocar para hacer un tiempo por-venir; para generar un mundo fuera de la lógica que insiste en que hay vidas que son desechables por su raza, por su género, por su clase, por su deseo; porque su existir no suma a la totalidad del sistema.

Durante mi última estancia en Johannesburgo, en diciembre de 2024, Prishani murió. Después de meses de agotamiento y tensión con negociaciones imposibles con la universidad en la que trabajaba nos encontramos. En una terraza, un domingo ya de vacaciones, tomamos el sol y nos reímos un poco del desastroso año que había tenido, nos prometimos concentrarnos en lo que importaba, en el trabajo que nos hacía emocionarnos, que nos hacía encontrarnos, que nos hacía seguir. Le acaricié la espalda, me sonrió, le sonreí. Dos días después tuvo un accidente vascular que le provoco una hemorragia en el cerebro. Estuvo varios días dando la batalla en el hospital, pero finalmente murió. Prishani estaba acostumbrada a sentirse mal. No tenía una enfermedad «grave», pero había varias condiciones que la hacían enfermarse seguido y con mucha intensidad. Normalizamos que recurrentemente se sintiera enferma. Ella se habitúo al malestar, trabajaba y vivía desde ahí. En esa familiaridad con el dolor, no pudo, ni nosotros pudimos, leer las señales de peligro.

Antes de su funeral pasé a su oficina, tenía colgada una postal de *Autorretrato con traje de terciopelo* (1926) y una de *Autorretrato con collar de espinas y colibrí* (1940). También una foto de Frida vestida con un traje gris. Prishani sabía que estaba escribiendo este ensayo y se emocionaba conmigo de lo que iba encontrando y pensando. Pero nunca leyó el libro y yo nunca leí el libro que ella estaba escribiendo. Nunca le dije que, en parte, lo estaba escribiendo para ella, porque fue gracias a ella que vi algo que no había visto. Ella no es solo parte de este libro, sino de lo que pienso, de lo que imagino, de lo que ahora puedo y quiero ver. En el altar que hizo su familia pusieron un imán con la imagen de *Naturaleza muerta: Viva la vida* (1954). Estaba en su auto cuando murió, se lo había dado unos días antes de regalo. Yo tengo la misma postal pegada enfrente de mi escritorio.

El tiempo no cura las heridas, el tiempo es la enfermedad

Como mencioné antes, el texto de Hedva se había vuelto central para mi reflexión. Lo encontré cuando lo posteó una amiga que admiro en una red social y me voló la cabeza. Lo leímos en los preparativos de la exposición de *Maternar* con Alejandra, en los seminarios que realicé con Prishani, con Mariana, mi hermana, que es oncóloga y sigue estando en mi cabeza como forma central para entender la política y el cuidado. Pero no solo ha sido ese texto de Hedva, que ahora se puede encontrar en la compilación de textos *How to Tell When We Will Die,* sino también en su obra como artista.

Conocí a Johanna Hedva en el otoño de 2022 en Berlín. Estaba recogiendo las llaves de la casa de una amiga en la que me hospedaría y quedamos de encontrarnos en la inauguración de la exposición *YOYI! Care, Repair, Heal* en el Gropius Bau, cuando me di cuenta de que había una pieza suya. *The Clock Is Always Wrong* (2022) era una instalación que combinaba elementos como dibujo, escultura y audios, con objetos históricos de la colección Wellcome de Londres, un museo y biblioteca de antigüedades médicas que pretende cuestionar lo que pensamos sobre la salud. Bajo la idea de una travesura hermenéutica Hedva intervenía los objetos antiguos para crear relojes. Cada uno, ya fuera con moho, tinta, miel o pelo abría una temporalidad, medía un tiempo. Describo uno de ellos: el reloj de tinta se constituía de un artilugio mecánico con un punto de apoyo, hecho de roble de pantano, que sostenía dos cucharitas que habían sido soldadas entre sí. Todos los días, en el momento exacto en que se ponía el sol, un microcontrolador alimentaba un motor que estaba conectado al artilugio de la cuchara mediante una transmisión por correa dentada y engranajes cónicos. El dispositivo sumergía lentamente una cuchara en un recipiente con tinta y luego se inclinaba hacia la cuchara del otro lado. La tinta corría entonces por el mango de una cuchara a otra y finalmente goteaba sobre un trozo de papel. Durante la duración de la exposición, cuatro meses, el trozo de papel no se movió.

Cada reloj, que podían ser también dibujos sostenidos con inmensos cuchillos en la pared o reproducciones a gran escala de representaciones de brujas medievales, evocaba mediciones que rehuían a la física de la termodinámica y más bien traían a cuenta saberes de la astrología, la magia y el animismo. Lo que medían los relojes no era lineal sino una duración de peso, luz, oscuridad, disolución, digestión o descomposición. Con ellos se visibilizaban tiempos inhabilitados, discapacitados. La reunión de todos estos relojes mostraba diferentes cualidades y tipos de temporalidades, no se pretendía obtener sincronías sino disonancias arrítmicas.

Con la instalación, Hedva también cuestionaba las nociones de *tiempo* y *sanación* como procesos lineales. En su obra la idea de que «el tiempo lo cura todo» quedaba trastornada con la sensación de que, en realidad, la enfermedad es el tiempo y el tiempo es la enfermedad. En el acertijo que nos propone Hedva no parece que se aspire a la sanación o a la curación como finalidad, sino a la creación de un espacio que sostenga ese tiempo, esa enfermedad.

La pieza era bella y brutal al mismo tiempo. Yo sentía un temblor y comezón en la piel. A lo lejos le vi. En un hermoso vestido negro hecho de un plástico que brillaba como charol, se le pegaba a la piel, y unos tacones larguísimos que la subían vertiginosamente hacia el techo, no podía dejar de mirarle. Todas le estábamos viendo. Su pelo suelto, largo y negro, apenas se movía cuando caminaba. Su piel se veía palidísima y rimaba con una cara que solo podría describir como lunar.

Mi amiga, que me vio pasmada, me animó a que me presentara. Me le acerqué para decirle lo mucho que me había provocado su texto de «Teoría de la mujer enferma», y que si alguna vez iba a la Ciudad de México, me dijera y la llevaría a pasear. Amablemente me sonrió y me dijo que tenía programado un viaje a principios del siguiente año. Le propuse que hiciéramos alguna conversación pública, pues su trabajo era importante para muchas de nosotras. Quedamos en escribirnos y nos volvimos a ver en una primavera adelantada al sur de la Ciudad de México. En el auto, mientras nos dirigíamos a la conferencia, me preguntó en qué estaba trabajando, tímidamente le conté que estaba haciendo un ensayo sobre Frida Kahlo, que era un poco extraño pues no era mi área de investigación y que, de hecho, nunca me había gustado particularmente su obra, pero que ahí estaba ahora. Lentamente se subió la manga de la playera y me mostró en su brazo un tatuaje en el que se leía: «Espero alegre la salida y espero no volver jamás».

Nos miramos sabiendo que las dos comprendíamos. Una de las últimas frases de Frida es la que la acompañaba en la vida. Le daba fuerza inscribiendo en su cuerpo que se acaba, que hay final, que eso no demerita el placer de haber vivido. Sino que el saber que se acaba también da tiempo y permite seguir viviendo. Esa frase es también un reloj.

Mi padre tuvo, apenas cumplidos los cincuenta años, un infarto en la médula espinal que lo dejó parapléjico. Su necedad y su fuerza lo llevaron a volver a caminar, muy torpemente y con ayuda de bastones y andaderas, pero volvió a vivir con cierta autonomía. Los esfuerzos que le ayudaron a hacerlo le cobraron factura con imposibles dolores. No era un hombre muy emocional ni tampoco confesional, pero una tarde mientras mirábamos televisión me dijo que a veces pensaba en matarse. Yo tenía veintitrés años y lo único que pude decirle fue que yo no tenía idea de lo que era vivir con ese dolor, que, si decidía suicidarse, me dolería mucho, pero lo entendería y que le querría incluso más. Al final, no se quitó la vida, murió un poco después de esa conversación de una falla cardiaca. En esa época, recuerdo, en su casa rondaba un libro sobre Frida Kahlo.

Ahora quizás entiendo. Mas allá de la obsesión que genera la enfermedad de Kahlo, el morbo y la lástima, hay también una potencia en su obra y en su vida en relación con la enfermedad, que supone un refugio y un aliento, que abre a la empatía y a la compasión, no solo hacia ella, sino quizá hacia nosotras mismas. Ciertamente, en nuestra cultura, la enfermedad y el dolor son cosas silenciadas, se lidia con ellos, sobre todo de manera hospitalaria y clínica, pero no hay espacios sociales para pensar y vivir con ellos.

Además del miedo que provoca rozar la enfermedad está la terrible complejidad de expresar y comunicar el dolor. Cuando aprieta no hay descripción que aguante, por ello seguramente nos refugiamos en la poesía y en las metáforas, en el intento del *«como si»* para alcanzar una imagen, para dar forma, para compartir. «Se siente como metal», no sé claramente qué quiero decir con ello, pero cada vez que tengo una crisis de ciática provocada por la hernia discal que me habita, desde hace más de veinte años, en L5. Es eso lo único que alcanzo a decir, a pensar: que siento como si el metal estuviera recorriendo mis nervios. Aunque, de hecho, no tenga ni idea de cómo se sienta el metal dentro de mi cuerpo. Por ello, quizá, la importancia de las imágenes, ellas pueden convocar sensaciones que a veces es imposible formar con el discurso, de describir con palabras que arrastran otra cosa, que quedan cortas o guangas.

En el caso de Frida, la obra no es la imagen «pura» o «realista» de la enfermedad, es otra cosa, además de transmitir su dolor es lo que logra hacer *en* y *con* él. Por ello, insisto, lo que se vuelve particular y completamente relevante es lo que hizo con la enfermedad. Es el cómo, desde ahí, levantó la vida. Es ahí donde propaga una fuerza inaudita. Supongo, es esa una de razones por la que importa no solo su arte sino el arte. Ser un lugar donde se imagina y produce la vida. Imaginar que es posible estar en cama, no poder salir de la habitación, y, aun así, a veces, encontrar las posibilidades de crear, de hacer, de producir, aun afuera de todas las lógicas y expectativas de la producción capitalista. Ello es sin duda un amuleto cuando no tienes fuerzas ni para empezar el día. Recordemos que Kahlo tuvo periodos en los que pintó mucho, y otros en los que no pintó casi nada. A veces se podía y otras no. Pero ahí cuando se pudo, desplegó una potencia de vida. Una afirmación, en el pesimismo, en el dolor, en la tristeza, de alegría, amor y furia. En todo ello insistió para encontrar maneras de vivir.

También, desde hace tiempo, esta referencia a Frida Kahlo ha sido un epicentro para multiplicar la producción sobre la enfermedad desde el arte. Recordemos, por ejemplo, la pieza del colectivo chileno las Yeguas del Apocalipsis *Las dos Fridas* de 1989, donde Francisco Casas y Pedro Lemebel posaron frente a la cámara realizando un *tableau vivant* donde los cuerpos acoplados exponen una sangre compartida. Ello, a finales de los años ochenta, era una crítica a las políticas de muerte en relación con la pandemia del

VIH. Como afirma la historiadora del arte Fernanda Carvajal: «En los años de la expansión del VIH-sida, la escenificación de *Las dos Fridas* por dos artistas homosexuales es también la imagen desafiante de cuerpos marcados como peligrosos y, a la vez, expuestos al peligro frente al pánico que despertaba, en esos años, la circulación descontrolada de los flujos corporales».[88]

Este es un ejemplo, pero hay muchos de cómo la potencia de la obra de Kahlo sobre la enfermedad, la discapacidad y la vulnerabilidad se vuelve referente para la producción artística. Es un sitio para visitar, no solo en relación con el efecto de la Fridomanía sino quizá más cercano a la idea de Zamudio-Taylor del «efecto Frida». Quizá el efecto Frida genera otras condiciones para abrir la enfermedad, para hacerla central, para darle cuerpo a partir de la obra de arte. Para hacer una apertura sensible, para buscar otro recorte, para insistir en hacer aparecer a esos cuerpos que no son visibles en este régimen de visibilidad. Para empecinarse en hacer otro, donde la mujer enferma sea la apertura que organiza la vida. Quizá sea desde ahí que podamos entender la enorme producción que se nutre, inspira y apropia de la obra de Kahlo, y pensar que es un sitio de insistencia no de veneración. «Las hermanas de Frida», nombre que encuentro en un sitio en la web, no son quizá solo un club de fans, es más bien un ejército que se agrupa para la revuelta.

Hay otro cuadro de Kahlo que normalmente no está considerado en sus obras de enfermedad. Se llama *El círculo,* y su fecha de realización fluctúa entre 1950 y 1953. Es tan extraño y diferente al resto de su obra que hay gente que incluso duda que sea de ella. Me gusta imaginar que eso fue lo último, o de lo último,

---

[88] Fernanda Carvajal, «Yeguas del Apocalipsis», Archivos de la colección del Malba.

que pintó. El óleo es una pequeña miniatura circular, los colores ocres parecen derretirse. Por una de las esquinas se divisa un horizonte que colapsa, pues al centro del círculo, como si fuera un volcán, un cuerpo de mujer parece desintegrarse. Ya no tiene cabeza, hay una mancha verde y otra café que se extienden hacia arriba. En uno de los costados hay un estallido, el torso tiene una fractura y las piernas se disuelven en la tierra. Los costados, en la explosión, van volviéndose lodo o lava, un musgo va extendiéndose y reventando por todos lados. Es ella deviniendo volcán, explosión, tierra, planta; es ella siendo la desintegración.

VIII

Raíces. Hacerse paisaje,
disolverse en la tierra

De los muchos autorretratos que pintó, en catorce está acompañada de animales y en uno ella misma se convierte en un animal. En las referencias que yo tenía del trabajo de Kahlo nunca había notado lo que hace la presencia vegetal y animal en su obra. El delicado trabajo de crear sus texturas, sus colores, sus materialidades, sus expresividades que permiten que lo natural vaya tomando una especie de equidad con ella, con lo humano.

La contundencia con la que se muestran lo vegetal y lo animal no parece ser parte de un «realismo mágico», clasificación con la que también han intentado definir la pintura de Frida Kahlo para asumir que lo fantástico en su obra es parte de un cotidiano exacerbado, sino que más bien se trata de una operación en la que lo vegetal y lo animal sustentan una noción más amplia de la vida, una que no se limita a lo humano sino que busca en lo vivo formas, humedades y plasticidades con las cuales coexistir.

Ciertamente, esta presencia de lo vegetal y lo animal insiste a lo largo de su obra bajo el género pictórico de la «naturaleza muerta», donde la exploración en este registro conforma bodegones vivos y complejos. En la historia del arte la naturaleza muerta es un importante género pictórico que, desde el siglo XVII, construye universos con objetos inertes, casi siempre animales, vegetales, flores y objetos de mesa, como porcelanas y cerámicas. Sin duda, fue un género nacido del naturalismo que ya no perseguía la veracidad y conocimiento científico del así llamado «objeto natural», sino que pretendía una representación que pudiera testificar su existencia. Pensemos que, históricamente, este género registra una transformación en las mercancías y su circulación, así como la belleza de estas «cosas». Sus elementos se presentaban algunas veces en clave simbólica y alegórica, y otras tantas en un realismo casi mimético. Por ello, en las naturalezas muertas nos movemos entre el materialismo y el simbolismo.

En la obra de Frida las naturalezas muertas se mueven también entre estas regiones. En ellas es interesante notar cómo se presenta una vida exuberante y no siempre inerte, como puede ser *Naturaleza muerta* (1942), una pintura circular en la que vertiginosamente se condesan elementos como vegetales y hongos. En él habitan calabacines, setas y flores de calabaza, así como ciruelas, peras y guanábanas, mientras vuela una intempestiva mariposa. Por el borde se establece un límite de flores que terminan en unos afilados nardos. La pintura con una pincelada corta es de un gran detalle y precisión, pero su realismo no busca ser solo mimético, sino que hay algo pletórico y robusto en su composición. También podemos pensar en la pintura *El pollito* (1945) donde el bodegón presenta unas flores azules casi moradas sobre unas ramas secas. El florero está habitado por unas orugas, un grillo y varias arañas. Esta escena puede verse, ante la incredulidad del pollito, desde lo que parece ser una telaraña. La materialidad de este cuadro es casi áspera, y la textura es exquisita, de tan detallada, el pollito parece que se esponja en su plumaje. Sin duda, las naturalezas muertas en la obra de Kahlo son un espacio de exploración en sí mismo y un espacio de análisis importante para comprender su pintura en relación con la naturaleza. Sin embargo, siguiendo el hilo de este texto, me interesa pensar qué hacen estas plantas y animales en sus autorretratos, cómo ellas y ellos colaboran para la metamorfosis, acompañan o empujan un devenir.

Antes de que aparecieran los animales, el primer autorretrato con uno de ellos es *Fulang-Chang y yo* de 1937, hay una fuerte y persistente presencia del mundo vegetal. En algunos de sus primeros retratos de 1927 y 1928 como el de *Retrato de Cristina mi hermana* (1928), aparecen tímidamente unas cuantas plantas y árboles, casi como de fondo. Pero en 1931 se da una transformación radical con la pintura *Retrato de Luther Burbank* (1931) que realizó cuando vivió en San Francisco.

La pintura muestra a un hombre, Luther Burbank, emergiendo de la tierra. El corte es transversal, recurso que utilizó en algunas de sus obras, pero nunca de esa manera. La persona que mira puede ver de lo profundo de la tierra al cielo. Las piernas de Burbank emergen de un tronco cuyas raíces se esparcen por debajo de la tierra y se conectan con un cuerpo humano en descomposición haciendo composta. Hacia la parte de arriba, el hombre, cuyo pelo es completamente blanco, está vestido con un traje y sostiene una planta, que también echa raíces en la tierra. Sus hojas son verde floresta, verde menta, verde salvia, verde limón. Al fondo hay unas pequeñas montañas con un par de árboles frutales, el cielo es azul y nublado.

Burbank, que vivió entre 1849 y 1926, fue un conocido botánico, horticulturista, pionero en agronomía y agricultura, que desarrolló cruces de plantas para generar nuevas variedades de frutas, flores, granos y vegetales. Su trabajo fue un hito en Estados Unidos al incorporar los estudios de Darwin para generar hibridaciones vegetales. El planteamiento revolucionario para la agricultura y la producción de alimentos, sin embargo, también nutría posicionamientos eugenésicos en cuanto a la mezcla racial. Burbank apoyaba el mestizaje, pero parecía jugar con la fantasía de que era necesario llevarlo a sus últimas consecuencias y cuando todos los cruces posibles fueran hechos, «eliminar» lo necesario hasta llegar a «la mejor» raza.

Lo que encontró Kahlo en la visita a su granja en Santa Rosa, California, fue un inmenso legado en la investigación sobre las plantas y los ciclos de la vida. Burbank había muerto años antes, parece que fue enterrado bajo un enorme cedro libanés que ya no existe más. El retrato fue hecho por el simple gusto de hacerlo como homenaje a la composta y la hibridación, como expone Ankori sobre el cuadro: «Adoptando sus puntos de vista, relaciona su inmortalidad simbólica con la "influencia de su buen trabajo" mientras recuerda al creador de híbridos como un híbrido».[89] La idea de composta y de híbrido regresará en la pintura de 1943 *Raíces,* obra que también fue conocida como *El pedregal.* En ella, recostada sobre piedra volcánica, su cuerpo va deviniendo planta echando raíces entre las rocas, compostando la tierra, hibridándose con la piedra volcánica. Ya no tiene la columna rota, esta se ha vuelto planta y su tallo es flexible y la atraviesa tanto por delante como por detrás.

La pintura hace referencia al lugar en que fue construido el Anahuacalli, obra arquitectónica diseñada por Rivera y por Juan O'Gorman donde el muralista planificaría una «casa para los dioses» y una ciudad de las artes. En el edificio central, hay una nueva sección de plazas y bodegas diseñadas por el arquitecto Mauricio Rocha, que abrieron sus puertas en 2021; este lugar alberga hoy la impresionante colección de arte mesoamericano de Rivera, la biblioteca de Eulalia Guzmán y puntuales intervenciones de

[89] Gannit Ankori, *Frida Kahlo,* p. 79.

artistas contemporáneos. La bellísima y única construcción de su tipo en el mundo, que mi hija llama «el castillo negro» y que le espanta lo mismo que le fascina y que es uno de mis lugares favoritos al que vuelvo cada vez que necesito una pausa, está hecha de piedra volcánica, lo cual le da una materialidad imponente y tiene referencias a la arquitectura orgánica, pero con elucubraciones toltecas, aztecas y mayas, algo que se quiso llamar el estilo «Rivera tradicional».[90]

El proyecto del Anahuacalli inició en 1942, al tiempo que Kahlo y Rivera habían vuelto a casarse, y se terminó en 1963, con ayuda de Ruth, la hija de Rivera, cuando ambos ya habían muerto. En los últimos años de sus vidas, el Anahuacalli fue quizá el proyecto central de la pareja, y aunque fue un plan de Rivera, Kahlo estuvo comprometida con él, tanto en términos económicos como personales; sobre ello escribió:

La estupenda obra que está construyendo [...] crece en el paisaje increíblemente bello del Pedregal como una enorme cactácea que mira al Ajusco, sobria y elegante, fuerte y fina, antigua y perenne; grita, con voces de siglos y de días, desde sus entrañas de piedra volcánica: ¡México está vivo! Como la Coatlicue, contiene la vida y la muerte; como el terreno magnífico en que está erguida se abraza a la tierra con la firmeza de una planta viva y permanente.[91]

Parte central del Anahuacalli es su reserva natural, en la que se conserva la vida vegetal y animal que habita los pedregales. El *pedregal* es el nombre que se le da a la zona al sur del valle de México, donde el volcán Xitle —ombligo en náhuatl— cubrió

90 Hayden Herrera, *op. cit.*, p. 371.
91 Frida Kahlo, «Retrato de Diego», p. 41.

el territorio, que, previo a la erupción fue un bosque, hace más de dos mil años. Es una zona de más de setenta kilómetros que se extiende por varias delegaciones de lo que hoy es la Ciudad de México y que conserva pocas áreas de reservas naturales. Una es la de San Ángel que se encuentra al cuidado de la Universidad Nacional Autónoma de México, y otra, más pequeña de cuarenta mil metros cuadrados, es el Espacio Ecológico del Anahuacalli. Estas dos reservas son los únicos espacios que contienen la forma en que el pedregal vive como territorio no domesticado, manteniendo un ecosistema único. El sustrato del suelo es seco, aunque caigan lluvias torrenciales en el verano, el agua tiende a absorberse por las piedras, convirtiéndose en un suelo más parecido a un desierto. Durante el día es árido, pero algunos restos de agua que se sostienen en los huecos de las piedras, las cuevas y los ojos de agua mantienen la humedad.

El componente rocoso de la zona está presente en el cuadro de Frida *Raíces,* y este fue un paisaje al que volvió, como podemos ver en el cuadro *Paisaje del pedregal* de 1952, que se exhibe en el Museo Frida Kahlo. Este paisaje ciertamente marca una materialidad dura, afilada y pareciera que árida; sin embargo, un complejo entramado de vida crece y se desarrolla ahí. Por ello, me parece que las interpretaciones de esta obra que insisten en recalcar su sentido en relación con la infertilidad de Frida y su frustración por no tener hijos se quedan en un lugar muy superficial. Desde esa perspectiva, no se mira con detenimiento todo lo que vive entre las rocas, toda la vida que hay ahí y que son las raíces que nos mostraba la artista. En el libro *Infraestructura verde y corredores ecológicos de los pedregales* se afirma:

Cuando aparecen las lluvias comienza también la aparición de la mayoría de las flores y con ello una verdadera explosión de insectos.

[...] Al caer las primeras lluvias, notamos la aparición casi inmediata de los tallos de dalias que empezarán a florecer a finales de julio, cuando el paisaje se ha tornado en una gama de colores verdes que cubren y ocultan la piedra. En esta época también se pueden observar brotes y renuevos de muchas plantas. Todos estos renuevos significan alimento para muchos animales, principalmente aves e insectos, aunque también algunos pequeños mamíferos: es posible ver tlacuaches, ardillas y conejos en las cercanías de la reserva. En ocasiones también es posible observar cacomixtles.[92]

La artista mexicana Dulce Chacón me muestra la variedad de plantas que hay en los jardines del Anahuacalli. Desde 2019 Chacón realiza una investigación sobre las plantas de espacios específicos. Comenzó en el área habitacional Tlatelolco, tomando como referencia el *Códice de la Cruz Badiano* —*«Libellus de medicinalibus indorum herbis»* (Martín de la Cruz, Juan Badiano, 1552)—. Emulando al naturalista, la artista trabajó en una bitácora con la que describió con texto y dibujos lo que encontraba en las zonas verdes, jardines y espacios públicos. Tiempo después llevó esas observaciones a otros espacios de la ciudad, uno de ellos el Anahuacalli. De él me cuenta:

Su jardín está conformado por vegetación denominada matorral xerófilo, integrado por plantas endémicas y nativas como: agave pulquero (*Agave salmiana*), nopales (*Opuntias*), palo loco (*Pittocaulon praecox*), trompetilla (*Bouvardia ternifolia*), floripondio (*Brugmansia arborea*), hierba de la golondrina (*Euphorbia hirta*), tejocote (*Crataegus mexicana*), mastuerzo (*Tropaeolum majus*), carrizo (*Phragmites*

---

[92] Antonio Suarez, Pedro Camarena *et al.*, *Infraestructura verde y corredores ecológicos de los pedregales: ecología urbana al sur de la ciudad de México*, p. 19.

australis) y tule (*Typha latifolia*). Y otras que se han adaptado muy bien al ecosistema como: *Leonotis ocymifolia*, pirul (*Schinus molle*), higuerilla (*Ricinus communis*), nabo de canarios (*Brassica campestris*) y diente de león (*Sonchus oleraceus*).[93]

Todo ello crece ahí. Donde algunos han visto en el retrato de Kahlo una referencia a lo estéril, yo encuentro una obra que refiere a la vida, a esa que crece necia entre las rocas, en las cuevas, en las humedades. A la vida que sobrevive a plena luz del sol sin resguardo; a los obstinados animales que viven ahí y que fueron desarrollando la vida en un lugar improbable. Porque la vida persiste a pesar de todo, a pesar de la lava y de la tierra quemada, por debajo y entre las rocas. A pesar de las caídas y de la *desintegración*, la vida continúa, o al menos, cierta vida. Puede ser que no sea la que queríamos o esperábamos, ni siquiera la nuestra o la de nuestros descendientes, pero es la vida a fin de cuentas que toma la forma que puede, que va adaptándose a las condiciones, suaves o duras, de lo que existe.

Este tipo de autorretrato que se incorpora al paisaje desmontando la separación entre lo natural y lo humano supuso una apertura importante en el arte hecho por mujeres. En él artistas como Ana Mendieta radicalizaron la idea de existir en el paisaje, con un desaparecerse o deshacerse en él para retar las ideas de cuerpo, identidad y territorio. La obra de la artista cubano-americana indaga, utilizando en la mayoría de los casos su propio cuerpo, sobre las huellas, las pistas, los rastros, que deja el cuerpo en parajes naturales. Pinturas, inscripciones, registros son las poéticas de estos devenires. El primer ejercicio que dará pie a su importante serie de

---

[93] En conversación con la artista Dulce Chacón el 26 de julio de 2023.

Siluetas[94] es, de hecho, una apropiación del *Retrato de Luther Burbank* de Kahlo. En *Imagen de Yogul* (1973) el cuerpo de la artista aparece, en una toma transversal, debajo de un árbol, como si fuera parte de sus raíces. Casi imperceptiblemente, el cuerpo de Mendieta deviene composta y se vuelve parte de ese árbol. La operación de hacerse parte del territorio se repetirá en muchas de sus obras. En *Tree of Life* (1976) su cuerpo cubierto de lodo, hojas y hierba se perderá en el frondoso y rugoso tronco de un árbol.

Es conocida la admiración que Mendieta sentía por Kahlo, de hecho, se dice que ella y su pareja, el artista minimalista Carl Andre, quien fue acusado de asesinar a Mendieta empujándola por la ventana de su departamento en un piso 33 de la ciudad de Nueva York, jugaban a emular a Diego y Frida.[95] Quizá lo que acerca la obra de ambas no eran únicamente las similitudes entre las parejas (ambos eran grandes y robustos y las dos pequeñas y delgadas), ni las violencias de sus relaciones, sino que su insistencia en Kahlo también estaba en esta exploración de una obra donde la identidad se disolvía en una hibridación, en un devenir, en una metamorfosis que no solo cambiaba la composición de ellas, sino del mundo alrededor.

La serie de *Siluetas* comenzó en uno de los viajes de Mendieta a México, y en estas exploraciones ella presionaba su cuerpo en superficies naturales (una pradera, una playa, un pantano) para crear esculturas de sitio específico: la impronta que dejaba su cuerpo. En la obra de la artista el autorretrato se conforma como borradura, como desaparición, como un impregnarse en el territorio para volverse parte de ese paisaje que, históricamente, construye lo natural

---

[94] Olga M. Viso, *Ana Mendieta. Earth, Body, Sculpture and Performance 1972-1985*, p. 52.

[95] Helen Molesworth, *Death of an Artist: The Ana Mendieta and Carl Andre Story*.

en su separación con lo «humano». En ese ritual de disolución vuelven a quedar vinculados. Ella deviene tierra, hierba, agua. Como explora el ensayista José Esteban Muñoz sobre la obra de la artista:

> Es importante señalar que esta práctica del autorretrato no se fundaba en una representación figurativa, sino antes bien en una incrustación profundamente simbólica en el mundo que la rodeaba. En esta serie, se talla, se cava, se moldea o incluso se quema una forma genérica femenina sobre la tierra. En ocasiones, son el barro, la tierra o las paredes de una caverna los encargados de capturar esa forma.[96]

Para Muñoz la obra de Mendieta estuvo saturada de un vitalismo intenso; esos intereses por la vida y por lo vivo son puntos comunicantes entre la obra de las artistas, entre Kahlo y Mendieta. En ellas es importante notar lo vegetal, lo animal. Encontrar en estas formas de vida dimensiones y herramientas para disolver una identidad dura de lo humano, para hacerse *con* y pensarse *en* otras suavidades.

[96] José Esteban Muñoz, «El rastro encendido del vitalismo. El sentido de Ana Mendieta».

IX

El venado herido. Lo vivo, hibridación, devenir y metamorfosis

Además de la presencia vegetal, es muy interesante cómo la presencia animal va tomado cuerpo en la obra de Kahlo. A partir de 1937 será recurrente que en sus autorretratos aparezca acompañada de algunos animales: monos, xoloitzcuintles, pericos, aves y venados. *Fulang-Chang y yo* (1937), *Perro itzcuintli y yo* (1938), *Autorretrato con marco integrado y dos pájaros* (1938), *Autorretrato con changuito y collar de serpientes* (1938), *Autorretrato con mono y listón sobre el cuello* (1940), *Autorretrato con collar de espinas y colibrí* (1940), *Autorretrato con Bonito* (1941), *Yo y mis pericos* (1941), *Autorretrato con chango y loro* (1942), *Autorretrato con monos* (1943), *Autorretrato con changuito y perro ixquintli* (1945), *Autorretrato con mono* (1945), *El venado herido* (1946), *El abrazo de amor de El universo, la tierra (México), yo, Diego y el señor Xólotl* (1949) y *Autorretrato con el retrato de Diego en el pecho y María entre las cejas* (1954).

Se sabe que muchos de esos animales la acompañaron en su vida, algunos de esos monos araña, Bonito el loro, su perro preferido el Señor Xólotl y Granizo el venadito vivieron en su casa de Coyoacán. También mucho se ha enfatizado lo que los animales simbolizan. Como si estos fueran un signo estable al que referir:

los changos su falta de hijos, los loros lo sobrenatural, los xolos el inframundo, combinando un código personal y uno supuestamente cifrado en interpretaciones de cosmogonías mesoamericanas. En mi sistema simbólico no encuentro esas referencias, quizá fueron las de ella, o las de las personas que interpretaron su obra previamente, pero ya no son las de nuestro tiempo y poco me interesa insistir en una lógica simbólica en la pintura para acceder a una supuesta verdad.

Me interesa más, en cambio, subrayar lo que hacen esas fuerzas vivas, esos seres que se aparecen con ella. Quizá en un principio, en obras como *Fulang-Chang y yo,* parece todavía replicar la estructura plástica de un retrato familiar. En la pintura referida parece como si cargara a un infante en su regazo que, sin sorpresa alguna, resulta ser un mono. La mirada de este es tan penetrante como la de ella, y eso me invita a pensar que, quizá más que proponer un símbolo que sustituye algo, lo que ocurre en esa pintura es una ruptura con los lugares preasignados. Un quiebre en la representación de la mujer siempre definida a partir de los hijos. En el autorretrato de *Fulang-Chang y yo* es ella, sin hijos y con changos. Una manera *otra* de ser y estar en el mundo, que no sigue los patrones del mandato patriarcal y que más bien posibilita otras existencias.

En estas obras vemos que los animales son parte de su autorrepresentación, pero no son ella. Ellos mantienen con la mirada, al igual que su ella retratada, una distancia y una otredad. Los animales en su obra nos enfrentan con el dilema de ¿qué es lo animal?, ¿qué lo humano?, ¿qué diferencia hay entre ella y el chango, el gato, el perro que nos mira? Miro sus pinturas mirándonos y recuerdo las argumentaciones de Jacques Derrida en el libro que recopila una serie de ensayos y conferencias *El animal que luego estoy si(guiendo),* donde afirma que la mirada, en específico de su gato, mirándole a él desnudo, le confirma la existencia de este absoluto otro.

Como dice el filósofo Bruno Latour, el problema con los animales es que todo mundo tiene una experiencia con ellos y una serie de ideas sobre cómo y por qué se asemejan a los humanos, o no.[97] Quizá con una idea similar en mente, Derrida, para salir tanto de lo anecdótico como de la etología, revisa el pensamiento occidental bajo las tradiciones filosóficas de pensadores de Aristóteles a Heidegger, pasando por Descartes y Kant, sin olvidar a Lacan y Levinas, para mostrar cómo la pregunta por lo animal ha sido una historia de violencia que, con una palabra general, busca determinar no solo una separación entre «lo humano» y «lo animal» bajo la atribución de una «falta» (de lenguaje, de racionalidad, de cultura, de capacidad de discernir lo justo y lo injusto), sino que también, en esa generalización, se junta en la misma categoría a una abeja con un chimpancé o una ballena. La pregunta, para el filósofo, no tiene que ver con atribuirle (o negarle) capacidades a lo animal, sino con ejercer el poder mismo de atribución supuestamente propio de «lo humano»:

No se trata solamente de preguntar si tenemos derecho a negarle este o aquel poder al animal (palabra, razón, experiencia de la muerte, duelo, cultura, institución, técnica, vestido, mentira, fingimiento de fingimiento, borradura de la huella, don, risa, llanto, respeto, etc. —la lista es necesariamente indefinida, y la más poderosa tradición filosófica en la que vivimos ha negado todo esto al «animal»—). Se trata también de preguntarnos si lo que se denomina «el hombre» tiene derecho a atribuir con todo rigor al hombre, de atribuirse,

[97] Bruno Latour, «The Scientific Fables of an Empirical La Fontaine», p. vii. La traducción es mía.

por lo tanto, aquello que le niega al animal y si tiene acerca de esto, alguna vez, el concepto puro, riguroso, indivisible en cuanto tal.[98]

Para Derrida «animal» es la palabra con la que el hombre se ha dado el derecho y la autoridad sobre los otros seres vivos, y ello es importante pues tiene consecuencias políticas, no nada más para el hombre sino para lo vivo en general. Antes de pretender llegar a cualquier definición de «lo animal», para Derrida lo primero será dudar de la categoría misma de «lo humano», de sus atribuciones, capacidades y poderes basados primordialmente en el lenguaje. Esto conlleva, según al inventor de la deconstrucción, interrogar lo que dice Aristóteles cuando impone sobre los demás seres vivos al hombre como *zoon politikón*, es decir, como aquel que tiene posesión del lenguaje para expresar lo injusto y lo justo. Habría que cuestionar también, siguiendo su argumento, la racionalidad y la subjetivación obsesiva de las fabulaciones cartesianas como garantías de la existencia y la realidad. Para Derrida la vida, lo vivo, se manifiesta en otras formas, y si bien ni siquiera va a pretender definirlo, nos ofrece la duda de la diferencia ontológica, es decir, la separación esencial entre los seres, empezando por distanciarse, en el lenguaje, de sus antecesores. Él opta por renunciar a la palabra animal y se refugia en *«animot»* (que une en un solo vocablo «animal» y «palabra» en francés), no para resolver el problema, quizá nada más para mostrar lo absurdo de ciertos conceptos que hemos dado por sentados, para generar otro vocabulario, para pensar otros pensamientos.

Por ello, me intrigan esos *«animots»* en la obra de Kahlo, pues me parece que presentan una singularidad que hay que resaltar. Los animales no son reducidos a adornos, son unas otredades que

[98] Jacques Derrida, *op. cit.*, p. 162.

tienen particularidades, personalidades, inteligencias y existencias específicas. Solo por dar unos ejemplos, en *Autorretrato con collar de espinas y colibrí* (1940), el gato negro está al acecho, mirando esquivamente a quien mira, mientras que el mono niega la mirada, pues está ocupado mirando entre sus dedos. Un colibrí muerto cuelga sobre el pecho de Frida. Varios estudios del archivo de fotografías de Kahlo apuntan que la imagen del gato es del fotógrafo húngaro Martin Munkácsi, artista que influenció a Henri Cartier-Bresson con sus imágenes que insisten en el movimiento, la espontaneidad y en mostrar torrentes de vida. *Tomic Energy* está expuesta en el Museo Frida Kahlo y muestra la fuerza del animal que ambos artistas logran plasmar con una destreza sorprendente en sus obras. Primero Munkácsi con la fotografía y luego Kahlo en su pintura logran presentar la singularidad de la imagen del animal. La imagen del fotógrafo, que luego recupera Frida, captura a un gato negro en el momento preciso en que empieza a erizar su pelaje mirando algo a la distancia que nosotros no podemos ver, su cuerpo está tenso y con los bigotes alzados, precipitando un instante que no vamos a ver llegar. Por otro lado, el mono al costado izquierdo de su hombro juega con las raíces que tejen en el cuello de Frida un collar de espinas del que cuelga un colibrí inmóvil con sus alas extendidas y rígidas. La mirada del mono, a diferencia de otros cuadros, no mira al frente, sino que mira a sus propias manos mientras realiza la labor de expurgar aquello que le cuelga a ella en el cuello. Como si quisiera cuidar aquello que la hiere.

Por otro lado, en *Autorretrato con changuito* (1945) aparecen cuatro personajes: tres vivos y uno, digamos, «imperecedero»; los vivos son Frida, un mono y un xolo. Los tres miran fijamente, Frida y el xolo hacia el frente, y el mono ligeramente hacia su izquierda a un horizonte que ya no nos corresponde como espectadores. Lo que me sorprende de esta obra es que no se detecta en la mirada de estos seres una diferencia esencial o existencial entre ellos, quizá solo la pequeña figurilla de arcilla, que no mira hacia el frente y representa a los ídolos mesoamericanos de la zona de occidente,[99] marca otro modo de ser. Pero, aun así, los cuatro entes están enlazados; una cinta de tonos dorados les rodea, sin hacer daño, por el cuello. Marcando un entrelazamiento a una existencia común, tanto con los animales como con la cerámica. La figurilla de arcilla color tierra con un tono cobrizo casi naranja presenta a un hombre en cuclillas, con una rodilla más arriba donde apoya su brazo y su cabeza, que mira, con las cuencas de los ojos vacías, hacia un horizonte indeterminado.

Rivera en su colección de 59 mil 400 piezas mesoamericanas tenía una gran cantidad de obras de occidente. Nancy Deffebach, que ha estudiado la colección y el uso de las piezas mesoamericanas en la obra de Frida, dice que no hay ninguna pieza en la colección que sea el modelo exacto para esta pintura, pero hay varias que se asemejan. Una de ellas, aunque no esté mencionada por la autora, con gran seguridad es la cerámica catalogada como 165 *«Denker»* de Colima.[100]

Me permito una pequeña digresión, A *«Denker»*, el pensador, lo encontré por primera vez en una visita al Anahuacalli en 2018. Iba con Simon con quien había trabajado en una exposición que se llamó *Al final del trabajo* y con quien me unía una entrañable amistad que comenzaba a transitar hacia otra cosa. Ese día lo pasamos tomando fotos a las figurillas e intentando imitar lo que

[99] Mi agradecimiento a Leonardo López Luján por señalarme la probable referencia en la figura de la pintura *Autorretrato con changuito,* vía conversación personal con Josefina Mac Gregor.

[100] Gracias a Aidé de la Mora, jefa del Museo del Anahuacalli, y Barbara Foulkes, jefa de programas públicos del Anahuacalli, por mostrarme y compartirme información sobre estas piezas, y ayudarme a identificar la figurilla del pensador.

sentían. Cuando él regresó a Johannesburgo y comenzamos una relación a larga distancia empezamos a mandarnos mensajes con *stickers* de esas figuritas. Un día me mandó a *Denker* y le pregunté si le dolía el estómago, él me contestó que me extrañaba. Cuando volví a ver la figurilla en el cuadro de Frida me atacó una inmensa melancolía. Esa figurilla es para mí parte de ese lenguaje muerto, del que habla el escritor Jorge Carrión,[101] cuando dos personas, con un lenguaje único, se separan. En la obra de Frida no está eso, pero yo lo miro y me recuerda ese signo que ya no tengo con quién significar. Simon, que también es artista, y con el que fui al Museo Frida Kahlo, por primera vez en mi vida en 2021, fue siempre contundente sobre la antipatía que le provocaba la obra de Kahlo, a diferencia de la de Rivera, que le fascinaba y admiraba. Uno de sus filmes, de hecho, comienza con una toma del mural *El agua, el origen de la vida* (1951) en el Cárcamo de Dolores ¿Será este texto también una venganza?, ¿una manera de crear un lenguaje amoroso conmigo misma donde ya no esté él?, ¿será mi manera de volver a *Denker,* de significarlo desde otro lugar?

Volviendo al uso de las imágenes de figurillas mesoamericanas, es interesante resaltar que, en su estudio, Deffebach comenta cómo en la época de Frida se consideraba que las piezas de occidente, al ser primordialmente ofrendas funerarias, se diferenciaban de la cerámica de otras culturas precolombinas porque eran un arte más bien doméstico, pues este no se presentaba como manifestaciones de deidades, sino más bien como representaciones de formas de vida y personas en situaciones cotidianas.

Para la autora, el sentido del uso de la pieza en la pintura de Kahlo tiene que ver con representar un ciclo de la vida según el

---

[101] Jorge Carrión, *Barcelona. Libro de los pasajes.*

simbolismo de cada uno de estos personajes (la fertilidad, las artes, la muerte y el inframundo).[102] A mí, en lo personal, me interesa señalar en este cuadro el lazo y la trama que la une con los animales y con otras cosmovisiones del ser.

En estas pinturas los animales representados no muestran un animal en sentido general o universal, sino unas entidades con existencias particulares, que son parte de su representación de sí misma, pero no se pueden subsumir a ella. Los animales en la obra de Kahlo, más allá de las identificaciones simbólicas, alimentan discusiones que son importantes para nuestro tiempo. Preguntas que refieren a una manera de estar en el mundo que va más allá de lo humano, que suponen una crítica a las formas del pensamiento occidental que ha querido, con el lenguaje, generar una separación en lo vivo. Esta brecha no establece solo una distancia sino una negación en la igualdad de la vida. Genera una autoridad que ha marcado un poder sobre lo otro, que nos ha llevado al desastre ecológico, y por tanto político y social, en el que estamos viviendo al negar el mismo estatuto ontológico a los seres con los que co-existimos en el planeta, cosa que no ha sido siempre así, ni todo el tiempo, ni en todas partes.

Hoy tenemos clara la existencia de otros archivos cosmogónicos donde no hay separación entre lo humano y lo animal. Como lo cuentan los antropólogos Eduardo Viveiros de Castro y Deborah Danowsky, en varias culturas amerindias, como entre los Yawanawá o los Yanomami los mitos insisten en un tiempo en el que lo único que existía era «la gente». En este tiempo «pre-cosmológico» no había una división, y fueron sucesos, ya fueran espontáneos o por acción de un demiurgo, los que fueron otorgando características biológicas y diferenciaciones en los seres vivos. Por

---

[102] Nancy Deffebach, «Frida Kahlo y el occidente de México».

ello, insisten los autores de *¿Hay un mundo por venir?*: «Lo que llamaríamos mundo natural, o "mundo" en general, es para los pueblos amazónicos una multiplicidad de multiplicidades intrincadamente conectadas. Las especies animales y otras son concebidas como otros tantos tipos de "gentes" o "pueblos", esto es *entidades políticas*».[103]

No quiero decir que Frida Kahlo estuviera como artista desarrollando una crítica al antropocentrismo ni al excepcionalísimo humano, sino sugerir que en sus obras hay una fuerza que permite sentir esa dignidad de lo vivo, donde no hay una separación esencial entre lo «humano» y lo «animal», entre ella y el chango, entre Frida y Fulang-Chang. Me parece, por ello, que se pueden leer esas presencias de lo animal en su obra ligándolas a cierta mirada de lo animal que nos proponen pensadoras como Vinciane Despret, quien está interesada en problematizar las preguntas que realizamos a los animales para pretender conocerlos. Quizá, la cuestión que nos invita a imaginar la filósofa y, creo que esta imagen se despliega en la obra de Kahlo en relación con lo vegetal y lo animal, está en cómo establecer una relación con *lo otro*:

Encima de todo [...] es la posibilidad de devenir, pero no exactamente de devenir el otro en la metamorfosis, sino *con el otro*; no para sentir lo que el otro piensa o siente, como lo propondría la engorrosa figura de la empatía, sino para acoger y crear la posibilidad de inscribirse en una relación de intercambio y de proximidad que no tiene nada de una relación de identificación.[104]

[103] Déborah Danowski y Eduardo Viveros de Castro, *¿Hay un mundo por venir? Ensayo sobre los miedos y los fines*, pp. 130-131.
[104] Vinciane Despret, *¿Qué dirían los animales si les hiciéramos las preguntas correctas?*, p. 23.

Se trata de una relación en donde uno deviene animal. En la obra de Kahlo, este devenir animal tiene su punto más radical en su pintura *La Venadita o Venado herido* de 1946, donde ella no se convierte en animal, sino que es un híbrido, un devenir. Es ella *siendo* venado, es un venado *siendo* ella.

El pequeño cuadro, que mide veintidós centímetros por treinta, es un punto importante en relación con este trabajo constante sobre lo vegetal y lo animal. En él se muestra a un venado-mujer coronado con el rostro de Frida en el claro de un bosque. Los árboles, aunque no se alcanzan a ver las copas, parecen secos, la madera de los troncos es quebradiza. Una rama rota aparece a los pies del venado-mujer, y a lo lejos hay un cuerpo de agua azul esmeralda sobre el que se observa un cielo claro con suaves nubes que se asoman. Este ser, que por la ubicación de sus patas pareciera estar en movimiento, está herido por nueve flechas que le recorren el cuerpo y le atraviesan la piel, la herida que más sangra es la del cuello. El rostro de Frida-venado se percibe en calma, los rasgos son los de ella, los ojos en forma de almendra de un profundo color ocre, las cejas pobladas, la tez morena clara, la boca pequeña y carnosa. En el cuadro las pequeñas orejas humanas crecen por arriba de las del venado, que se alargan hacia sus cuernos, en los que se enreda su pelo en alzado peinado. La palabra «Carma», aparece al lado de su firma.

Este cuadro fue un regalo a sus amigos Arcady Boytler y Ella Wolfe, quienes le recomendaron al doctor que le realizó la fusión espinal en 1946. Acompañando el cuadro se dice que estaban estas rimas:

> Cuando el Venado regrese
> fuerte, alegre y aliviado
> las heridas que ahora lleva

> todas se le habrán borrado.
>
> [...]
>
> Ahí les dejo mi retrato
>
> pa'que me tengan presente,
>
> todos los días y las noches,
>
> que de ustedes yo me ausente.
>
> La tristeza se retrata
>
> en todita mi pintura,
>
> pero así es mi condición,
>
> ya no tengo compostura.
>
> Sin embargo, la alegría
>
> la llevo en mi corazón,
>
> sabiendo que Arcady y Lina
>
> me quieren tal como soy.[105]

El cuadro ha sido interpretado como una representación de su dolor y también de su resiliencia, de su esperanza a quizá mejorar tras otra cirugía más. Se habla de sus agonías físicas y psicológicas, relacionándola a las cercanías y distanciamientos con Rivera. Se han señalado las referencias simbólicas a signos cristianos por las flechas en referencia al cuerpo herido de san Sebastián, a símbolos mexicas por el uso del venado como animal sagrado y a la cultura hindú por la palabra «Carma» en la pintura. Indicando en esta convergencia una amalgama espiritual para encontrar alguna especie de liberación.

Para Ankori esta hibridación cultural es parte de las tenaces investigaciones y articulaciones realizadas por la artista, que se revelan de diversos modos en su trabajo, en sus diferentes «sí

---

[105] Frida Kahlo, *Escrituras*, pp. 263-264.

mismas» en las que representó. Ankori señala sobre las figuras de la hibridación:

> Todas las formas de hibridación —ya sean amalgamas mitológicas de animal y de seres humanos, descendencia de matrimonios mixtos o de la compenetración de configuraciones multiculturales— implican una forma de intrusión, un acto de transgresión. Ellos muchas de las veces suponen la ruptura de límites y la rotura de tabús. Además, los híbridos (de los sátiros a los andróginos y los vampiros) han sido siempre vistos como intrusos. Su ser mismo encarna la amenaza del caos, ya que ellos retan los contornos que definen lo normativo y lo así llamado el estado puro del ser.[106]

El análisis de Ankori es sumamente importante para lo que queremos decir, ya que ella establece que la hibridación trasciende el género del retrato en Kahlo para «conjurar interrogantes políticas, espirituales y ontológicas en una manera audaz, abriendo nuevos campos discursivos».[107]

Esos campos fueron altamente significativos no solo para Frida y sus espectadoras, también para las artistas a las que influyó y a las que este trabajo les supuso una brecha. Podemos observar la manera en que se abre esa grieta y se manifiesta en obras como *Bird Transformation* de 1972 de la artista Ana Mendieta, a quien ya mencioné antes. En la fotografía referida, Mendieta deja testimonio de sus propios procesos de hibridación, en ese caso es un performance de un devenir-pájaro, donde aplicó plumas a una participante para hacer existir este ser pájaro-mujer. Es uno de los híbridos más bellos de la historia del arte. Mendieta siguió con sus

---

[106] Gannit Ankori, *Frida Kahlo*, p. 148.
[107] *Ibidem*, p. 149.

investigaciones sobre estas transformaciones en unas experimentaciones cercanas al accionismo vienés, pero desde los imaginarios y las cosmogonías antillanas.

En las acciones *Untitled (Blood and Feathers)* de 1974 Mendieta, a las orillas de un río en Iowa, se cubre de sangre animal para luego cubrirse de plumas de pájaro. De ello nos queda la documentación en video y fotografía. Un ritual donde el devenir tiene todavía una invocación filial, un pacto mágico por sangre, para generar nuevas composiciones. Siguiendo a José Esteban Muñoz, estas exploraciones permiten acceder a una *marronidad*. Con ese concepto el historiador nombra una forma de estar en el mundo, una experiencia desde la singularidad que traza un existir en un estado de sobra, de exceso, en los márgenes de las configuraciones subjetivas dominantes. Si bien Mendieta provenía de una familia blanca acomodada, su migración a Estados Unidos tras la Revolución cubana en el programa Peter Pan, la dejó en un estado de orfandad. Ella y su hermana vivieron en centros de acogida, lejos de su familia, su cultura y su lengua. Esta condición migrante y extranjera la hizo volcarse a restablecer un vínculo con el territorio, físico y simbólico, del que había sido expulsada. En ella, como establece Muñoz:

La marronidad es más que un conjunto de identificaciones o incluso de contraidentificaciones. [...] La marronidad tiene que ver con otra cosa. Como concepto, como método incluso, nos ofrece un sentido del mundo. Este sentido del mundo es al mismo tiempo el abordaje y el objeto que Mendieta nos presenta con tanta elegancia y urgencia: un sentido del mundo marrón. Representa un «enjambre de singularidades».[108]

[108] José Esteban Muñoz, *op. cit.*

Más allá de los referentes que podemos encontrar en muchas artistas contemporáneas, lo que quiero ahora es detenerme y entender lo que abren esos campos discursivos en nosotras hoy. La hibridación en Kahlo es una metamorfosis que nos muestra aperturas existenciales que van más allá de lo humano, de su separación y de su abismo con lo animal, con lo vivo; donde la metamorfosis no supone nunca una identificación, sino una forma de desdoblamiento, de —como decía Despret— habitar la posibilidad de una relación de intercambio y proximidad. Se trata de un devenir animal de Kahlo, que más allá de las interpretaciones simbólicas y culturales desde las que se ha leído su obra, nos acompañan en el reto de pensar otras formas de existencia hoy, para nosotras.

Lo que la metamorfosis obliga

El trabajo de Frida da cuerpo, genera una imagen para representar esa idea de devenir animal, permite figurar y empujar lo sensible para hacer aparecer ese campo de fuerzas, esos modos de ser. Ese es quizá uno de los poderes más importantes del arte: poder representar algo que todavía no se puede ver. Darle cuerpo es que la imaginación vaya forzando formas que todavía no tienen condiciones de aparición. Es hacer esa apertura sensible, para que en el momento en que yo lea las historias de Donna Haraway sobre Camille, las niñas y niños del compost, quienes tienen como simbionte (individuo asociado en simbiosis) a una mariposa monarca no me sorprenda tanto; para que podamos ir más allá de lo híbrido y empezar a imaginar la metamorfosis, los ensamblajes, las multiespecies.

¿Qué quiere decir *devenir animal* y qué función ha tenido en el pensamiento occidental? La enunciación de esta fórmula fue planteada en los años ochenta por los filósofos Gilles Deleuze y Félix Guattari en su libro *Mil mesetas,* que es el segundo volumen de *Capitalismo y esquizofrenia.* En estos textos se dieron a la tarea de una experimentación extrema que pudiera romper el sistema de construcción subjetiva, vía una crítica feroz al psicoanálisis.

Buscaron hacer una apuesta política más allá del sujeto y de sus subjetivaciones que pudiera revolucionar formas de existencia más allá de entidades fijas en la conciencia o en el cuerpo. Sus figuras provocativas eran una manera de quebrar los discursos y enloquecer el lenguaje (rizoma, ritornello, cuerpo sin órganos) para poder organizar otros pensamientos. Para ellos, el *devenir* tiene que ver con la negación de la *subjetivación* como única manera de existir. Este último concepto arrastra una larga vida en la filosofía occidental y tiene que ver con las maneras en que los sujetos nos hacemos como tales, es decir, son las prácticas de constitución del sujeto, formas en las que fijamos la identidad a partir del lenguaje o una «conciencia», por ejemplo en la Modernidad esto se establece de modo radical en el pensamiento de René Descartes y su fórmula «pienso, por lo tanto existo»[109] que nos confirma nuestra existencia, y define nuestro modo de ser sujetos a través de la racionalidad, el lenguaje y el pensamiento y establece, así, la retícula desde la que desarrollaremos la cartografía de nuestras representaciones.

Lo que hicieron autores como Foucault fue generar una historia de las subjetivaciones y mostrar cómo «el hombre» no está dado de una vez y para siempre, sino que la instancia «sujeto» es una construcción histórica que va constituyéndose a sí misma bajo diferentes regímenes de lenguajes, prohibiciones y corporalidades. Para Deleuze y Guattari en un tiempo que el capitalismo había tomado todas las posibilidades de resistencia política, el único punto de fuga estaba en el sujeto, en deshacerse como tal y pensar en otras formas o planos de existencia. Uno de ellos era el devenir

---

[109] La fórmula de Descartes, que aparece por primera vez en su libro *El discurso del método,* es la gran operación moderna de la subjetivación. En latín la frase reza *cogito ergo sum,* lo que se ha traducido como «pienso, luego existo». Este *luego* no es una inflexión solo temporal sino un condicional. Por ello, prefiero referirme a él como un «entonces».

animal. Este devenir para los pensadores no era una semejanza, ni una imitación, ni una identificación. No es una evolución, ni una filiación. No son sueños ni fantasmas. Son, según nos dicen, perfectamente reales:

> Pues si el devenir animal no consiste en hacer el animal o en imitarlo, también es evidente que el hombre no deviene «realmente» animal, como tampoco el animal deviene realmente otra cosa. El devenir no produce otra cosa que sí mismo. Es una falsa alternativa la que nos hace decir: o bien se imita, o bien se es. Lo que es real es el propio devenir, el bloque de devenir, y no en los términos supuestamente fijos en los que se transformaría el que deviene. El devenir puede y debe ser calificado como devenir-animal, sin que tenga un término que sería el animal devenido. El devenir-animal del hombre es real, sin que sea real el animal en el que deviene; y, simultáneamente, el devenir-otro del animal es real sin que ese otro sea real.[110]

El devenir es una acción y tiene que ver con una multiplicidad, con una forma de existir que se resiste al plano de la individualidad, de la identidad, de la autonomía. Tiene que ver con una ruptura con la idea de una instancia cerrada y más bien con ser-en-compañía, en colectividades, entre muchos, en manada. También, supone la salida de lo «humano» como un excepcionalísimo, una jerarquía o una suposición ontológica.

La presencia animal en la obra de Frida tiene esa fuerza, esa ternura, esa radicalidad de saberse en una existencia compartida. No hay una identificación de ellos con ella, o de ella con ellos, sino un ser-con, ser-entre. En el caso del *Venadito herido* toma

[110] Gilles Deleuze y Félix Guattari, *Mil mesetas, capitalismo y esquizofrenia*, p. 245.

cuerpo en el híbrido, que en su sentido más elemental refiere a un individuo formado por dos diferentes especies. Ella, humana, y él, venado. Ella siendo venado. Lo evidente de esa hibridación es que es uno siendo dos, de dos naturalezas que se fusionan, que coexisten. Quizá ese es el problema con lo «híbrido», que todavía nos mantiene en una lógica dualista, binaria. Por ello me gustaría seguir con la crítica de Despret e intentar radicalizar el sentido de la obra de Kahlo no solo como una hibridación sino como un devenir-animal, como una completa metamorfosis:

> La hibridación se queda en el orden de la «combinación», por lo tanto, de la reproducción de algunas características de las dos especies «parientes». Pensar en términos de hibridación limita el curso a seguir y lo instala en un régimen binario —cerdos humanizados con la inversa posible de humanos cerdificados—. La metamorfosis, en cambio, retraduce la «combinación» en el régimen de las «composiciones», un régimen que abre paso a la sorpresa y al acontecimiento: podría surgir «otra cosa» que modifique profundamente los seres y sus relaciones. La metamorfosis se inscribe en los mitos y las fabulaciones biológicas y políticas de la invención.[111]

Vinciane Despret es cercana a las metodologías críticas de pensadoras como Anna Tsing, Isabelle Stengers y Donna Haraway. Ellas se mueven entre la filosofía, la biología, la antropología, la etología y la ciencia ficción para problematizar el tiempo en que vivimos, un tiempo profundamente perturbado por las graves crisis ecológicas, políticas y sociales. Donde el planeta está en una transformación radical por los efectos de la crisis climática, y aquello que llamamos *mundo*, como configuración histórica cultural, está

---

[111] Vinciane Despret, *op. cit.*, pp. 206-207.

en una mutación que dejó, si alguna vez lo tuvo, de tener un destino. Para poder pensar en la vida, nos dicen estas autoras, debemos dejar de pensar en lo humano y fijarnos en las posibilidades de simbiosis, de vivir-con, de acoplamiento, de adaptación multiespecie. Si nos queda algún futuro como parte de la vida tendrá que ser en otra lógica, por ello Despret va a buscar diferentes relatos, que vienen de la ciencia, del laboratorio, de las anécdotas, de las novelas, de YouTube, para especular. De ello nos dice:

> Entonces, quizás tenemos que buscar y pensar por el lado de esas historias, por el lado de las historias que cuentan cómo nos volvemos humanos con los animales. Por el lado de algo *dado* que se ha vuelto y que no deja de volverse dado en nuestra naturaleza. Una donación que cultivar y que honrar o, en una versión más exigente, una donación que compromete: volverse aquello a lo que la metamorfosis obliga.[112]

Yo, en este caso, no me detengo en historias, sino en imágenes. En formas que aparecen en la pintura de Kahlo y que también, como esos relatos, nos invitan a especular, a jugar, a imaginar. Me conmueve lo que aparece en la obra de Kahlo y me parece que tiene una función más allá de ella y de su tiempo, más allá de su biografía. Aparece en la obra en sí, como una apertura, como una rasgadura, como una explosión.

Me interesa pensar la obra de Kahlo como una metamorfosis, como un devenir que cobra fuerza política al generar aperturas para otras multiplicidades, para otros agenciamientos, para otras existencias. La metamorfosis entonces se vuelve un concepto quizá más interesante para especular sobre las potencias de su obra.

[112] *Ibidem*, p. 209.

Está en su devenir-planta, devenir-raíz; en su devenir-animal, pero también en su devenir-hombre, devenir-sin hijos, devenir-madre, devenir-aguafiestas, devenir-desintegración; en todas esas transformaciones que no pueden sumarse en un solo híbrido, sino que en una multiplicidad de transformaciones se nos presentan todas a la vez, al mismo tiempo, sin necesidad de filiación. Su obra entonces no es una biografía, sino la creación de una metamorfosis, de una metamorfosis como el sentido más contundente de vida. Más cerca que muchas de nosotras, Kahlo rozó la radicalidad de estar siendo otra, de ser muchas, de ser con ellos, con los otros, e insistir en la vida como un flujo de intensidades, alegres y tristes, que no pueden fijarse en una sola identidad. De hacerse en su obra y deshacerse también ella, todas las veces que fuera necesario, para levantar ahí la vida.

X

Naturaleza muerta. Viva la vida

¿Qué es lo que hace a una pintura relevante? Quizá no es, o no solo, sus rastros en la historia del arte y su relevancia en las industrias culturales, sino lo que pasa en el lienzo, con aquello que produce. Me gusta la descripción que hace el personaje de la novela de Johanna Hedva *Your Love Is Not Good*:

Pintar es un truco de magia, un truco de luz, de perspectiva, de textura, de cómo hacer algo poco profundo, algo lleno de profundidad. Es el engaño de la superficie que exhibe profundidad. Un pintor trafica con este engaño, y un buen pintor hace que no parezca engaño en absoluto. Un buen pintor te lleva de mirar un cuadro, de lo que ves en un plano, colgado en una pared, a mirar un ser, algo que cobra vida frente a ti y luego sigue viviendo, incluso cuando no estás mirando. No es que estés mirando una representación de una mujer llamada Mona Lisa, el cuadradito de su imagen, sino que estás mirando a la propia Mona Lisa. Ella tiene un lugar inherente y lo ocupa. Lo que algo parece se convierte en lo que algo que asemeja, se convierte en lo que es.[113]

[113] Johanna Hedva, *Your Love Is Not Good*, pp. 73-74. La traducción es mía.

La importancia de la obra Frida Kahlo es que tiene esa magia. Algunos de sus cuadros logran ese truco, en el que lo representado toma una existencia particular y supera a la autora y a quien mira también. Se abren al tiempo, al menos al nuestro, explotando posibilidades plásticas para figurar, para percibir esas existencias múltiples que se propagan en nosotras.

No es una filiación, aunque sea subversiva, lo que se desenvuelve en la obra de Frida, sino una metamorfosis. Una serie de mutaciones que no necesitan de la combinación genética de la hibridación, de la herencia, sino que deviene composiciones, flujos borrosos en procesos inestables, inciertos, mutables. Porque no se trata de convertirnos y ser «esa» u otra identidad, sino más bien repoblar, como dice Stengers, «el desierto devastado de nuestras imaginaciones».[114]

En su obra, ella se metamorfosea y cosas cambian, pueden ser visibles o invisibles, pueden ser permanentes o transitorias, pero confieren a la vida una dimensión suplementaria. Por ello, no se metamorfosea por destino sino porque es lo que pide un cuerpo. Se muta porque se necesita, porque en esta transformación *da lo mismo* ser ella que él, ser planta que hueso, ser animal que persona. O un poco de eso y otro tanto de lo otro. Se responde no a lo que se es, sino a lo que pide paso. En esa experiencia de un nuevo grado de libertad hay una enorme dicha, aparece la posibilidad, aun en los contextos de barbarie y catástrofe que caracterizan nuestro tiempo de fascismos recargados, de tener una vida que valga la pena ser vivida.

Por ello más que fijarla en una identidad, en un personaje, a partir de su obra, me gusta pensarla en todas esas fuerzas, en

---

[114] Isabelle Stengers, *En tiempos de catástrofes. Cómo resistir a la barbarie que viene*, p. 130.

todas las *ellas* que fue y lo que se fueron convirtiendo, en su complejidad, en su ambigüedad, en la potencia que despliega su devenir-madre-sinhijos-hombre-aguafiestas-patadepalo-columnarota-planta-raíz-animal-venado-tiempo-desintegración. En ese torrente lo que se despliega es la vida. Porque su pintura, como dijo su gran amigo Juan O'Gorman, habla de un profundo amor a la vida:

> Su ser estaba hecho de amor a la vida, amor a la materia, amor a la patria, amor a los niños, amor a la gente, amor a Diego, amor a su familia, amor a las piedras, amor a las plantas, amor a los animales, amor al color, amor al paisaje y este amor lo convirtió en su pintura.[115]

El amor no es un sentimiento o una pasión, como nos dice la feminista bell hooks, es una acción.[116] Es una perseverancia, un insistir, un trabajo continuo, un levantamiento para seguir. Por ello, cuando hablamos de amor no nos referimos solo a su relación con Rivera ni a sus amantes, sino con todo aquello que la tocó y la conmovió, aquello que imaginó cuando lo que había no era suficiente. Su obra no es su biografía ni se explica desde ella, sino que es un trabajo de amor a la vida, por lo vivo. De su pintura se levanta una vida sin encantamiento. Una mirada pesimista porque es un faro, que si bien prefigura el peligro también es refugio. Una vida colmada de seres: aves, perros, pollitos, arañas, figurillas de arcilla, plantas, flores, frutas, su madre, su padre, Diego, su hermana, sus amigas y amigos. Una vida donde te hieren los piquetes en la piel, pero te suaviza la caricia, ya sea de un mono o

---

[115] Juan O'Gorman citado en Martha Zamora, *Frida, el pincel de la angustia*, p. 341.

[116] bell hooks, *all about love*, p. 13.

de tu amante. Una vida que se construye desde el placer de pintar, del porque sí. De la dicha.

Todo ese torrente se construye en su obra y nos permite verla más allá del ícono y el mito, para que siga su potencia abriendo posibilidades para lo por venir. Por ello insisto, su obra no es su biografía. Me empecino en ello para no perpetuar esa interpretación, porque lo que se juega en una lectura, distinta a la que la cosifica y la acomoda como mercancía cultural, es que el arte, también, se vuelve algo vivo; algo que incomoda, que contamina, que prolifera. Que provoca en nosotros deseo, que nos da fuerza, que nos quiebra, que nos acompaña en nuestro devenir, en nuestras transformaciones, en nuestra mutación. Donde el arte, y en este caso el arte de Frida Kahlo, es algo que nos ayuda, como dice Despret, a llegar a ser quien la metamorfosis te obliga a ser.

Una de las últimas obras que pintó Frida Kahlo fue *Naturaleza muerta. Viva la vida.* Me gusta pensarla como un autorretrato, en donde ella se metamorfosea en sandía. Roja, jugosa, dulce. En la pintura vemos un conjunto de sandías. Unas están enteras en su cáscara verde y otras están partidas en mitades o cuartos y se puede ver tanto la pulpa roja como sus semillas negras y ese pequeño filo blancuzco que separa la carne de la fruta de su cáscara. El fondo es un cielo azulado con zonas oscuras y otras claras. Las frutas se encuentran en una superficie café que tiene una rugosidad y densidad porque en ella el óleo se ha mezclado con arena. Esa superficie se vuelve la tierra sobre la que descansan o habitan las sandías.

En primer plano tenemos una rebanada de sandía en donde está inscrito: «Viva la vida»; su nombre, «Frida Kahlo», y la ubicación de su elaboración con la fecha, «Coyoacán 1954 México». La pintura es tosca, la pincela un poco apresurada, con movimiento, pero apelmazada. Está pintada como quien sabe que no hay tiempo. Por eso, más que la forma, importan las intensidades.

Las sandías aparecieron en diversos momentos de su obra, como se puede ver en el óleo *Los cocos* de 1951, donde además de unos trozos de sandía se plasmaban unos cocos de los cuales de unas cavidades que podrían ser unos ojos salen unas lágrimas, mientras que una naranja a medio pelar abre a las diferentes superficies y capas del cuerpo que se esconden bajo la piel. Las sandías en pintura eran algo común en la época, como se puede ver en la obra de Tamayo y el propio Rivera, que encontraba, particularmente, una fijación nacionalista y simbólica en la fruta que al parecer tiene un origen norafricano, pero que era un cultivo importante, traído por los españoles —a quienes les llegó con las poblaciones árabes— durante la colonia, popular y barato en México en los albores del siglo xx. Más allá de la obviedad que los colores de la fruta coinciden con los de la bandera mexicana, la sandía evocaba en ese México moderno cierta frescura, como dice el poeta José Juan Tablada en su haiku de 1922:

¡Del verano, roja y fría
carcajada,
rebanada
de sandía!

Las sandías en el imaginario mexicano han sido parte de la representación de la nación. Pero también de nuestras cotidianidades, de algo más íntimo, más familiar, que hace el recuerdo de las frutas en nuestra memoria. Mi madre todavía recuerda que cuando era niña su papá la llevaba a comer sandías a un carro que se ponía en la bajada de Altavista, enfrente de la casa estudio de Rivera y Kahlo. No hay manera de saber si serían las mismas sandías que evocaba Frida, pero me gusta fantasear que sí.

Volviendo a la pintura, si bien las sandías eran parte del repertorio simbólico de la época me parece que, en su caso, hacen también otra cosa. *Naturaleza muerta* de 1954 se alza como una celebración, como una insistencia en la vida. Cuando esta se está acabando, no se reniega de ella, sino que se festeja, se la honra. Se persevera en ella transformándose en sandía. No deja de ser curioso que el último cuadro que firmó Diego Rivera antes de su muerte en 1957 fue *Las sandías.* Quizá fue su manera de metamorfosearse y estar con ella otra vez.

Mientras escribo estas líneas, las sandías ocupan de nuevo la esfera pública. En este momento proliferan como provocación, como perseverancia y todas sueñan con libertad. En el verano de 2024 la artista mexicana Frieda Toranzo Jaeger participó en la exposición *Stranieri Ovunque – Foreigners Everywhere* de la 60° edición de la Bienal de Venecia, curada por el brasileño Adriano Pedrosa con la pieza *Rage is a Machine in Times of Senselessness* (2024). En ella la artista realizó una instalación modular de varias pinturas de gran tamaño que unían paneles que se abrían para articular varias escenas que evocaban un futuro *queer.* Entrañas geométricas y arquitectónicas en las que en su centro habitaba una mujer acomodando alcatraces, en referencia a *Vendedora de flores* (1941) de Rivera, pero con un pelo trenzado que salía del cuadro abriendo el lienzo a otra dimensión. Este panel se unía con un ambiente selvático habitado, del lado izquierdo, por mujeres rozagantes y gozosas y, del derecho, por seres alados. Ahí, en la parte superior, se izaba como bandera una recreación de *Naturaleza muerta. Viva la vida* de Frida Kahlo. Las sandías aparecían como reproducción del cuadro original y la única variante era que lo que se leía en la pintura, que además de inscribir la frase «Viva la vida» y «Frida Kahlo», decía: «Viva Palestina».

Las sandías representan para nuestra generación a Palestina. Se dice que la utilización de la sandía surgió tras la Guerra de los Seis Días en 1967, cuando Israel tomó control de Gaza y Cisjordania y anexó Jerusalén del Este. En ese momento el gobierno israelí estableció una orden militar que criminalizaba el uso público de la bandera palestina. En ese momento la sandía, por la semejanza también con los colores de su bandera, se usó como un modo de referir sin nombrar. Aun así, con el signo metafórico, gente fue perseguida y encarcelada por salir a la calle con las frutas. Si bien este signo estaba consolidado en los imaginarios locales, desde 2023 se ha viralizado como un significante para este momento de peligro, de destrucción, de genocidio que pone otra vez sobre la mesa la idea de lo humano bajo un supremacismo que decide quién merece vivir y quién no. El peligro de genocidio en Gaza, término que refiere a la demanda que presentó Sudáfrica contra Israel ante la Corte Internacional de Justicia, es sobre su población, estamos hablando de más de 41 mil 500 personas que han sido asesinadas[117] en poco más de un año y medio, más de un millón de personas desplazadas y más de dos millones en condiciones de hambre y desnutrición, pero también es sobre su cultura, sobre sus tierras y todo aquello —animales, insectos, plantas— que vive ahí. La contaminación que dejan las bombas y los desechos tóxicos de las infraestructuras destruidas conforman un espacio en el que nada podrá vivir ahí por generaciones. Lo cual, se anuncia ya en la política internacional, se presenta como justificación para proyectar la intención de tomar control del territorio para una reingeniería inmobiliaria y geopolítica.

---

[117] En diciembre de 2024, la ONU calculó las muertes en Gaza en 45 mil personas, aunque la revista médica *The Lancet* publicó en un estudio publicado en enero de 2025 que para junio de 2024 ellos calculaban que habrían muerto 64 mil 260 personas. Ver: Zeina Jamaluddine *et al.*, «Traumatic injury mortality in the Gaza Strip from Oct 7, 2023, to June 30, 2024: a capture–recapture analysis».

Mi hija, Rita, que tiene ocho años, mira la postal *Naturaleza muerta. Viva la vida* pegada enfrente de mi escritorio y me pregunta si Frida pensaba en Palestina cuando pintó esas sandías, le digo que no y ella se sorprende porque para ella las sandías son Palestina; de hecho, ella piensa que las sandías que comemos en casa vienen de ahí y que por ello han incorporado su imagen. Le digo que las sandías son muchas cosas y que lo importante es ver en ese cuadro lo que Frida quiso hacer aparecer, pero también aquello que vemos nosotras. Miro mi postal y pienso en Frida, también pienso en Palestina, en mi hija y en mi amiga Prishani que ya no está aquí pero que aparece ahí, cada vez que veo esas sandías. Todo se arremolina en un amor por la vida. Veo la obra de Kahlo pero veo también lo que reverbera en mí: *Viva la vida*, sobre todo cuando parece improbable, cuando se nos escapa, cuando la niegan, cuando se acaba. *Viva la vida.* Y al decirlo, espero convocar la fuerza para levantar la vida de sus caídas y lograr metamorfosearnos en lo que la vida pida, en un venado herido, en una raíz que se hunde en la tierra, en una bañera repleta de seres o en una sandía dulce y jugosa. *Viva la vida.*

Bibliografía

Libros

Aguilar Gil, Yásnaya Elena. *Tres veces tres. En clave Malintzin: nueve aproximaciones a su figura*. Ciudad de México: Dirección General de Publicaciones y Fomento Editorial-UNAM, 2021.

Ahmed, Sara. *La promesa de la felicidad. Una crítica cultural al imperativo de la alegría*. Traducción de Hugo Salas. Buenos Aires: Caja Negra, 2019.

Alatorre, Antonio. «Prólogo». Frida Kahlo. *Escrituras*. Edición de Raquel Tibol. Ciudad de México: CONACULTA-INBA, 2004.

Ankori, Gannit. *Frida Kahlo*. Chicago: University Press, 2013.

Ankori, Gannit. *Imaging Her Selves. Frida Kahlo's Poetics of Identity and Fragmentation*. Connecticut: Greenwood Press, 2002.

Arcq, Tere. «El país de la belleza convulsiva». Ilene Susan Fort y Tere Arcq (eds). *Wonderland. Las aventuras surrealistas de mujeres artistas en México y en los Estados Unidos*. China-Estados Unidos-México: DelMonico Books-Prestel, Los Angeles County Museum of Art, Museo de Arte Moderno, 2012.

Arendt, Hannah. *La condición humana*. Traducción de Ramón Gil Novales. Madrid: Paidós, 2012.

Bargellini, Clara. *Testimonios de fe: colección de Exvotos del Museo Amparo*. Puebla: Fundación Museo Amparo, 2018.

Benjamin, Walter. *Ensayos escogidos*. México: Ediciones Coyoacán, 2001.

Benjamin, Walter. *Imaginación y sociedad, Iluminaciones I*. Traducción de Jesús Aguirre. Madrid: Taurus, 1998.

Benjamin, Walter. *La obra de arte en su época de reproductibilidad técnica*. Traducción de Andrés E. Weikert. México: Ítaca, 2003.

Benjamin, Walter. *The Arcades Project*. Traducción de Howard Eiland y Kevin McLaughlin. Cambridge, Mass.: The Belknap Press of Harvard University Press, 1999.

Borzello, Frances. *Seeing Ourselves Women's Self-Portraits*. Nueva York: Thames and Hudson, 2016.

Breton, André. *Antología (1913-1966)*. Traducción de Tomás Segovia. Ciudad de México: Siglo XXI, 2020.

Breton, André. «*Mexique*». Gerardo Estrada (dir.). *Un listón alrededor de una bomba*. Ciudad de México: INBA, 1997.

Button Books Team. *Great Lives in Graphics: Frida Kahlo*. Lewes: Button Books, 2021.

Cardoza y Aragón, Luis. «México, de cerca, de lejos…». Gerardo Estrada (dir.). *Un listón alrededor de una bomba*. Ciudad de México: INBA, 1997.

Carrión, Jorge. *Barcelona. Libro de los pasajes*. Barcelona: Galaxia Gutenberg, 2024.

Chávez Mac Gregor, Helena (ed.). *Maternar. Entre el síndrome de Estocolmo y los actos de producción*. Ciudad de México: MUAC-UNAM-RM, 2021.

Conde, Teresa del. *Frida Kahlo: la pintura y el mito*. México: UNAM-Instituto de Investigaciones Estéticas, 1992.

Danowski, Déborah y Eduardo Viveros de Castro. *¿Hay un mundo por venir? Ensayo sobre los miedos y los fines*. Buenos Aires: Caja Negra, 2019.

Deffebach, Nancy. «Frida Kahlo y el occidente de México». VV. AA. *Apropiarse del arte: impulsos y pasiones*. México: UNAM, 2012.

Deleuze, Gilles y Félix Guattari. *Mil mesetas, capitalismo y esquizofrenia*. Traducción de José Vázquez Pérez con la colaboración de Umbelina Larraceleta. Valencia: Pre-Textos, 2006.

Derrida, Jacques. *El animal que luego estoy si(gui)endo*. Traducción de Cristina de Peretti y Cristina Rodríguez Marciel. Madrid: Trotta, 2008.

Despret, Vinciane. *¿Qué dirían los animales si les hiciéramos las preguntas correctas?* Traducción de Sebastián Puente. Buenos Aires: Cactus, 2018.

Dexter, Ema y Tania Barson (eds). *Frida Kahlo*. Londres: Tate Publishing, 2005.

Dodge, Harry. *My Meteorite or, Without The Random There Can Be No New Thing*. Estados Unidos: Penguin Books, 2020.

Estrada, Gerardo (dir.). *Un listón alrededor de una bomba*. Ciudad de México: INBA, 1997.

Fort, Ilene Susan y Tere Arcq (eds). *Wonderland. Las aventuras surrealistas de mujeres artistas en México y en los Estados Unidos*. China-Estados Unidos-México: DelMonico Books-Prestel, Los Angeles County Museum of Art, Museo de Arte Moderno, 2012.

Franger, Gaby. *Frida Folk*. India: Tara Books, 2019.

Franger, Gaby y Rainer Huhle. *Fridas Vater. Der Fotograf Guillermo Kahlo. Von Pforzheim nach Mexiko*. Múnich: Schirmer Mosel, 2005.

González Mello, Renato. «Razas, clases y castas. La invención pictórica del campesino». VV. AA. *Memorias del Simposio Nuevas miradas a los murales de la Secretaría de Educación Pública.* Ciudad de México: SEP, 2018.

González Mello, Renato (ed.). *UNAM: 100 años de muralismo.* México: Instituto de Investigaciones Estéticas-UNAM, 2023.

Haller Baggesen, Lise. *Mothernism.* Chicago: Green Lantern Press, 2014.

Hedva, Johanna. *How to Tell When We Will Die. On Pain, Disability and Doom.* Nueva York: Hillman Grad Books Zando, 2024.

Hedva, Johanna. *Your Love Is Not Good.* Londres: And Other Stories, 2023.

Hernández, Manuel. *Lacan en México. México en Lacan. Miller y el mundo.* Ciudad de México: Ediciones Navarra, 2016.

Herrera, Hayden. *Frida. Una biografía de Frida Kahlo.* Traducción de Angelika Scherp. México: Taurus, 2020.

hooks, bell. *all about love.* Nueva York: New Visions, 2000.

Kahlo, Frida. *El diario de Frida Kahlo. Una nueva mirada.* Ciudad de México: La Vaca Independiente, 2017.

Kahlo, Frida. *El universo Frida Kahlo.* España: RM-Museo Frida Kahlo, 2022.

Kahlo, Frida. *Escrituras.* Edición de Raquel Tibol. Ciudad de México: UNAM y CONACULTA, 2001.

Kahlo, Frida. «Retrato de Diego». VV. AA. *Diego Rivera: 50 años de su labor artística. Exposición de Homenaje Nacional.* México: Museo Nacional de Artes Pláticas, 1951.

Kahlo, Frida. *Tu hija Frida. Cartas a mamá.* Compilación de Héctor Jaimes. Ciudad de México: Siglo XXI, 2016.

Kahlo, Frida y Leo Eloesser. *Querido doctorcito. Correspondencia entre Frida Kahlo y Leo Eloesser.* Ciudad de México: CONACULTA, 2007.

Latour, Bruno. «The Scientific Fables of an Empirical La Fontaine». Prólogo a Vinciane Despret. *What Would Animals Say If We Asked the Right Questions?* Traducción de Brett Buchanan. Minnesota: University of Minnesota Press, 2016.

Mayayo, Patricia. *Frida Kahlo. Contra el mito.* Madrid: Ediciones Cátedra, 2008.

Miéville, China. *Los últimos días de Nueva París.* Traducción de Silvia Schettin. Barcelona: Ediciones B, 2017.

Monsiváis, Carlos. *Frida Kahlo: Una vida, una obra.* México: CONACULTA-Era, 1992.

Moreno Villareal, Jaime. *Frida en París, 1939.* Ciudad de México: Turner, 2021.

Navarrete, Fe/derico. *Los pueblos indígenas de México.* México: Comisión Nacional para el Desarrollo de los Pueblos Indígenas, 2008.

Navarrete, Fe/derico. *México racista. Una denuncia.* México: Grijalbo, 2016.

Nelson, Maggie. *Los argonautas.* Traducción de Ariel Magnus y Tal Pinto. Madrid: Tres Puntos, 2016.

Pliego, Susana. «Frida Kahlo y la identidad». *Frida Kahlo: alas para volar.* España: Fundación Casa de México en España, 2022.

Rancière, Jacques. *La división de lo sensible: Estética y política.* Salamanca: Consorcio Salamanca-Centro de Arte de Salamanca, 2000.

Rancière, Jacques. *Sobre políticas estéticas.* Traducción de Manuel Arranz. Barcelona: MACBS-UAB, 2005.

Rivera Garza, Cristina. *El invencible verano de Liliana.* México: Literatura Random House, 2021.

Rivera Garza, Cristina. *Había mucha neblina o humo o no sé qué.* México: Literatura Random House, 2016.

Roberts, Jodi. *Frida Kahlo. Self-Portrait with Cropped Hair.* Nueva York: MoMA, 2019.

Suárez, Antonio, Pedro Camarena *et al. Infraestructura verde y corredores ecológicos de los pedregales: ecología urbana al sur de la ciudad de México.* México: UNAM-Coordinación de la Investigación Científica, 2011.

Stengers, Isabelle. *En tiempos de catástrofes. Cómo resistir a la barbarie que viene.* Traducción de Víctor Goldstein. Barcelona: Ned Ediciones, 2017.

Tibol, Raquel. *Frida Kahlo: crónica, testimonios y aproximaciones.* México: Ediciones de Cultura Popular, 1977.

Tibol, Raquel. *Frida Kahlo en su luz más íntima.* México: Lumen-Random House, 2005.

Tibol, Raquel. *Frida Kahlo: una vida abierta.* México: Oasis, 1983.

Vargas Santiago, Luis. «Crafting the National: Visible and Invisible Malinches». *Traitor, Survivor, Icon. The Legacy of La Malinche.* New Haven: Yale University Press, 2022, pp. 87-95.

Viso, Olga M. *Ana Mendieta. Earth, Body, Sculpture and Performance 1972-1985.* Alemania: Hirshhorn Museum and Sculpture Garden, Smithsonian Institution y Hatje Cantz Verlang, 2004.

Vuong, Ocean. *El tiempo es la madre.* Traducción Elisa Díaz Castelo. Madrid: Vaso Roto, 2023.

Vuong, Ocean. *En la tierra somos fugazmente grandiosos.* Traducción de Jesús Zulaica. Barcelona: Anagrama, 2020.

Zamora, Martha. *Frida, el pincel de la angustia.* Ciudad de México: Edición de autor, 2007.

Artículos periodísticos, videos y pódcast

Barragán, Almudena. «Mas de 3.000 asesinadas al año en México: la violencia contra las mujeres se ceba con las más jóvenes». *El País*. 25 de noviembre de 2023. Disponible en https://elpais.com/mexico/2023-11-25/la-violencia-contra-las-mujeres-se-ceba-con-las-mas-jovenes-en-mexico-mas-de-3000-asesinadas-al-ano.html (02/04/2025)

Bukhash, Anas. Entrevista a Mel Robbins. «#AB Talks with Mel Robbins». Cap. 213. *YouTube*.

Carvajal, Fernanda. «Yeguas del Apocalipsis». Archivos de la colección del Malba. Disponible en https://www.malba.org.ar/yeguas-del-apocalipsis/ (02/04/2025)

Conde, Teresa del. «Lo popular en la pintura de Frida Kahlo». *Anales del Instituto de Investigaciones Estéticas*. 1976. Vol. 13. Núm. 45. Pp. 195-203.

Doherty, Caitlín. «Tenancy Part 6: Killing Time». *MAP*. Septiembre de 2020. Núm. 58. Disponible en https://mapmagazine.co.uk/killing-time-1 (02/04/2025)

Hedva, Johanna. «Sick Woman Theory». *Tropical Cream*. 12 de marzo de 2022. Disponible en https://topicalcream.org/features/sick-woman-theory/ (02/04/2025).

Krieger, Peter. «Corrección e inspiración. Reflexiones en torno a una monografía sobre el fotógrafo Guillermo Kahlo». *Anales del Instituto de Investigaciones Estéticas*. 2007. Vol. 29. Núm. 90. Pp. 227-244.

Jamaluddine, Zeina *et al.* «Traumatic injury mortality in the Gaza Strip from Oct 7, 2023, to June 30, 2024: a capture–recapture analysis». *The Lancet*. 9 de enero de 2025. Disponible en https://www.thelancet.com/journals/lancet/article/PIIS0140-6736(24)02678-3/fulltext (02/04/2025)

Lacan, Jacques. «L'objet de La psychanalyse». École Lacanienne. Seminario del 23 de marzo de 1966. Disponible en https://ecole-lacanienne.net/wp-content/uploads/2016/04/1966.03.23.pdf (02/04/2025)

Lambertucci, Constanza. «Frida Kahlo Corporation: la batalla legar por una marca millonaria». *El País.* 16 de julio de 2022. Disponible en https://elpais.com/mexico/2022-07-17/la-batalla-legal-por-la-marca-frida-kahlo.html (02/04/2025)

Lara, Magali. «Quisimos tanto a Frida». *Aquelarre.* Núm. 4. Abril, mayo, junio de 1990. Disponible en https://journals.lib.washington.edu/index.php/aquelarre/article/view/13208 (02/04/2025)

Molesworth, Helen. *Death of an Artist: The Ana Mendieta and Carl Andre Story.* Podcast, 2022. Disponible en https://www.push-kin.fm/podcasts/death-of-an-artist (02/04/2025)

Moreno Villa, José. «La realidad y el deseo en Frida Kahlo». *Novedades.* 26 de abril de 1953. Disponible en https://icaa.mfah.org/s/es/item/753110#?c=&m=&s=&cv=&xywh=-240%2C163%-2C2929%2C1639 (02/04/2025)

Muñoz, José Esteban. «El rastro encendido del vitalismo. El sentido de Ana Mendieta». *Blog Caja Negra.* 9 de febrero de 2024. Disponible en https://cajanegraeditora.com.ar/el-rastro-encendido-del-vitalismo-el-sentido-de-ana-mendieta/ (02/04/2025)

Rivera, Diego. «Frida Kahlo y el arte mexicano». *Boletín del Seminario de Cultura Mexicana.* Núm. 2. Secretaría de Educación Pública. 1943. Disponible en https://icaa.mfah.org/s/es/item/735544#?c=&m=&s=&cv=&xywh=-2001%2C-177%2C6551%2C3666 (02/04/2025)

Rivera Garza, Cristina. «¿De qué hablamos cuando hablamos de feminicidio?». *Insite Journal / Actos de habla.* Primavera de

2023. Núm. 05. Disponible en https://insiteart.org/es/journal-speech-acts/essays/cristina-rivera-garza (02/04/2025)

Sharife, Ana. «Llorona, la historia de un parricidio». *Ctxt*. Julio de 2020. Núm. 262. Disponible en https://ctxt.es/es/20200701/Firmas/32834/Ana-Sharife-Mexico.htm (02/04/2025)

Agradecimientos

Ekaterina Álvarez, Gala Berger, Mariana Chávez Mac Gregor, Paul Dickerson, Luisa Fuentes, Ana Gallardo, Rita García Chávez, Nayeli García, Simon Gush, Sol Henaro, Andrea Flores, Alfredo Furlan, Mayra Furlan, Laura Furlan y Graciela Magaril, Barbara Foulkes, Clive Kellner, Perla Labarthe, Alejandra Labastida, Magali Lara, Cuauhtémoc Medina, Josefina Mac Gregor, Arturo Mendoza, Emiliano Monge, Prishani Naidoo, Cristina Paoli, Susana Pliego, Julia Pozas, Andrés Ramírez, Eria Rebollar, Julia Reyes, Barbara Rousseaux, Virginia Roy, Lucía Sanroman y Luis Vargas.

Índice

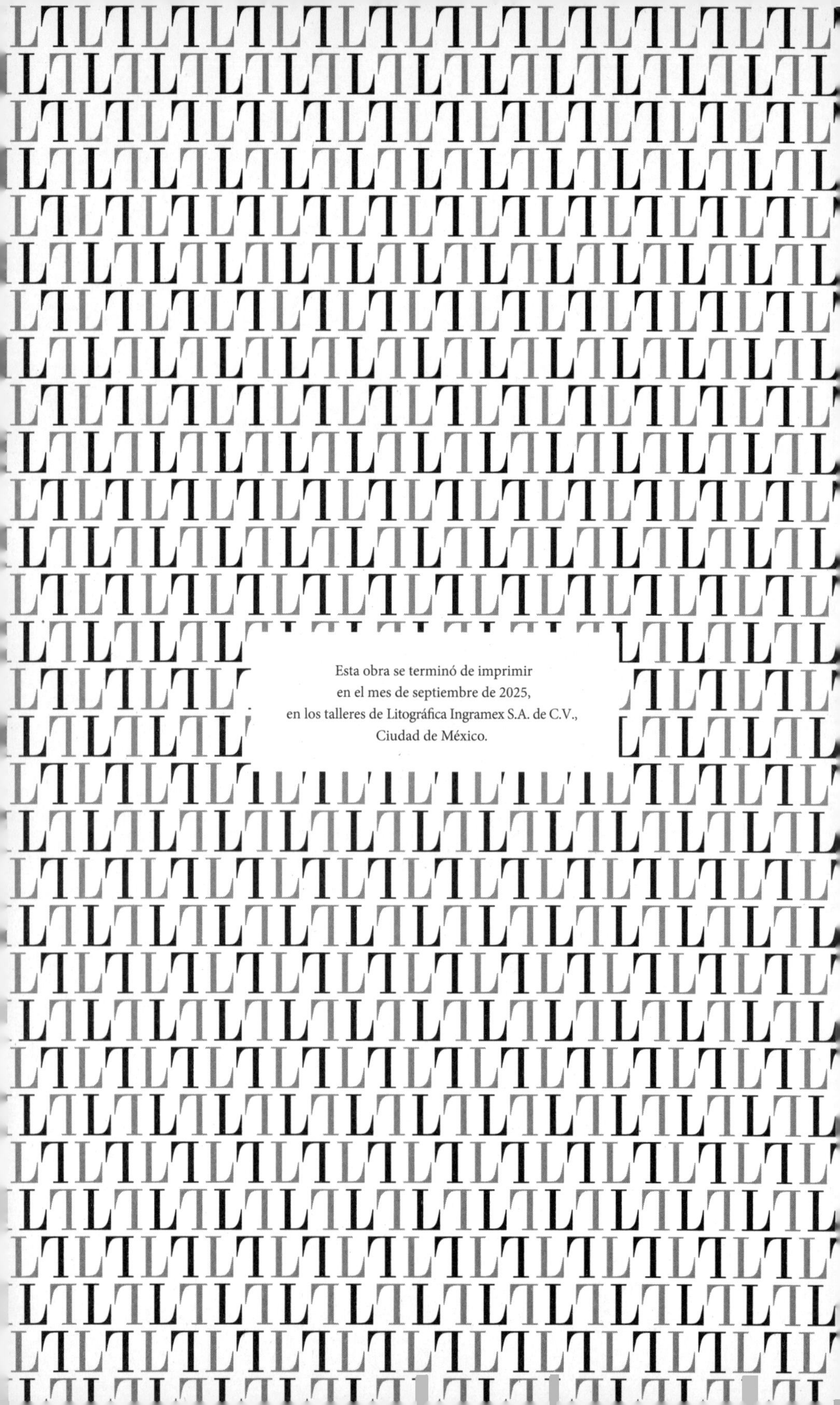
Esta obra se terminó de imprimir
en el mes de septiembre de 2025,
en los talleres de Litográfica Ingramex S.A. de C.V.,
Ciudad de México.